WERNER WALLERT

Horror im Tropenparadies

Buch

Ostersonntag, 23. April 2000, 19.50 Uhr: Das Tauchparadies in
Malaysia verwandelt sich für die Familie Wallert binnen Sekunden in eine tropische Hölle. Sie werden von einer extremistischen
islamischen Rebellengruppe als Geiseln genommen und auf die
philippinische Insel Jolo entführt. Das sorgfältig geplante Kommandounternehmen, mit dem von der philippinischen Regierung
politische Zugeständnisse und Geld erpresst werden sollen, wird
für die Geiseln zu einem mehr als vier Monate währenden Martyrium. Zehn Touristen aus Deutschland, Frankreich, Südafrika,
Libanon und Finnland sowie elf Hotelangestellte und WWF-Ran-
ger werden zum Spielball der philippinischen und der internationalen Politik – und der Medien. Das Schicksal des Autors, seiner
Frau Renate, seines Sohnes Marc, ihrer Leidensgenossen sowie
der schwer bewaffneten Geiselnehmer wird über Wochen Tag für
Tag von den Journalisten verfolgt. Die Medien berichten uner-
müdlich über den mehr als schleppenden Fortgang der Verhandlungen zur Freilassung und weiden mit journalistischem Gespür
für das voyeuristische Interesse der Leser beziehungsweise Zuschauer jede noch so unbedeutende Nachricht über das Leben und
Leiden der Geiseln ausführlich aus. Wie es Letzteren wirklich
ergangen ist, was sie durchlebt und durchlitten haben, erzählt
Werner Wallert in seinem Tagebuch, einer Chronik der Ereignisse
wie der Hoffnungen, Ängste und Enttäuschungen bis zur end-
gültigen Befreiung: Am 9. September wird sein Sohn Marc als
letztes Familienmitglied freigegeben.

Autor

Werner Wallert wurde 1943 in Sorau (Niederlausitz) geboren. Seit
1970 unterrichtet er Geographie und Englisch an einem Göttinger
Gymnasium. Daneben ist er Autor und Herausgeber von Schul-
büchern und Medien für den Geographieunterricht. Seit 1996 übt
er die Funktion eines Fachberaters für Geographie bei der Bezirksregierung Braunschweig aus.

Werner Wallert

Horror
im Tropenparadies

Tagebuch
einer Entführung

GOLDMANN

Originalausgabe

Umwelthinweis:
Alle bedruckten Materialien dieses Taschenbuches
sind chlorfrei und umweltschonend.

Originalausgabe Dezember 2000
© 2000 Wilhelm Goldmann Verlag, München,
in der Verlagsgruppe Bertelsmann GmbH
Umschlaggestaltung: Design Team München
Umschlagabbildung: Werner Wallert
Alle Abbildungen stammen vom Autor.
Satz: Uhl + Massopust, Aalen
Druck: GGP Media, Pößneck
Verlagsnummer: 15140
JJ · Herstellung: Sebastian Strohmaier
Made in Germany
ISBN 3-442-15140-6
www.goldmann-verlag.de

3 5 7 9 10 8 6 4 2

1

Ostersonntag, 23. April 2000, 19.50 Uhr. Vom Meer weht eine warme Brise zu uns herauf. Wir genießen den friedlichen Abend eines herrlichen Urlaubstages. Von den Liegestühlen auf dem Sunsetdeck der malaysischen Tropeninsel Sipadan, wenige Kilometer vor der Nordostecke Borneos gelegen, blicken wir in einen brillant klaren Sternenhimmel, immer in der Hoffnung, eine Sternschnuppe zu sehen. »Fernsehen« nennen wir das während des Tauchurlaubs in tropischen Gefilden.

Wir, das sind mein Sohn Marc, der als Unternehmensberater in Luxemburg arbeitet, meine Frau Renate und ich, Lehrer an einem Göttinger Gymnasium.

Sporttauchen ist seit 1991 unser gemeinsames Hobby. In diesem Jahr ist unser Ziel einer der bekanntesten und attraktivsten Tauchplätze weltweit. Er liegt nicht in einem Atoll wie die Malediven-Inseln. Sipadan liegt isoliert, und von der Riffkante geht es auf allen Seiten steil hinab bis in eine Tiefe von sechshundert Metern. Deshalb begegnen den Tauchern Fischarten, die sonst vorwiegend in der freien See zu finden sind. Mit schnellen Booten wird man dreimal täglich vom Landungssteg zu den Tauchplätzen am Riff gefahren. Dort kann man, wenn man Glück hat, die riesigen Schwärme aus Barrakudas und Jackfischen sehen. Auch schöne Schwärme von Fledermausfischen sind hier anzutreffen. Eine weitere Attraktion sind die zahlreichen Schildkröten, die man bei jedem Tauchgang sieht. Oft kann man gleichzeitig fünf bis sechs Tiere beobachten. Sie

Bootsfahrt zum Tauchplatz.

Marc taucht mit einer Schildkröte.

zeigen keinerlei Scheu, denn den Tauchern wird eingebläut, die recht langsamen Schildkröten in keinem Fall zu berühren.

Sipadan ist nur wenige Hektar groß. Mit einem zwanzigminütigen Spaziergang haben wir das kleine Eiland am späten Nachmittag dieses Ostersonntags umrundet. Nach dem Abendbrot ist es an der Zeit für einen Sun-downer, einen Drink, bei dem sich der farbintensive Tropenhimmel nach dem Sonnenuntergang genießen lässt, der fast übergangslos in den Ehrfurcht gebietenden Sternenhimmel übergeht. Wir sitzen mit dem Rücken zum Restaurant.

»Muss man nicht dankbar sein, einen solch wunderbaren Ostersonntag erleben zu dürfen?«, wende ich mich an Renate und Marc, ohne wirklich eine Antwort zu erwarten. Es ist dies ohne Frage ein perfekter Urlaubsabend.

Sekunden später ist alles anders. Ohne jegliche Vorwarnung erscheint eine finstere Gestalt neben uns und bedroht uns mit einem Schnellfeuergewehr. »Police!«, ruft er, und das steht auch auf seinem T-Shirt. Gestern war noch ein malaysisches Polizeiboot vor der Insel gekreuzt. Mit Feldstechern hatte man die Insel abgesucht. Sie tun das ab und zu, um die Zahl der Touristen zu überprüfen, denn die ist auf Sipadan aus ökologischen Gründen auf achtzig Taucher begrenzt. Manchmal sollen sie auch überraschend an Land kommen und regelrecht nachzählen. Daran denke ich im ersten Moment – wundere mich aber über das rüde Verhalten. So kann man doch nicht mit Gästen umspringen, denke ich.

Als ich nur dreißig Sekunden später meine Uhr los bin, glaube ich an einen Piratenüberfall. Ständig blicken wir in Gewehrmündungen. Uns wird bedeutet, in Richtung unserer Bungalows zu gehen. Überall wimmelt es von schwer bewaffneten kleinwüchsigen Asiaten. Einer fuchtelt sogar mit einer Bazooka herum. Nur keine falsche Bewegung, ganz ruhig bleiben, schießt es mir durch den Kopf. »Faster, faster«, zischt einer hinter mir. Wir marschieren im Gänsemarsch an unseren Bungalows vorbei. Auf der kleinen Veranda unseres Bungalows stelle ich meinen Drink im Vorbeigehen ab, nachdem ich vorher noch einen Schluck genommen habe. Hoffentlich schwimmt nachher kein Moskito in meinem Glas, denke ich beim Abstellen des Drinks. Wenn ich gewusst hätte...

Neben unserem Bungalow steht das Haus der Ranger des WWF, die dafür Sorge tragen, dass die Schildkröten nachts ungestört ihre Eier am Strand ablegen können. Hier werden wir zusammengetrieben. Jetzt erkennen wir auch im schwachen Mondlicht, dass hier zwei Boote liegen, die erkennbar nicht zur Insel gehören. Es sind etwa elf Meter lange, schmale Fischerboote aus Holz. Ich werde gleich in das erste Boot gezwungen. Meine Frau ist auch schon halb im Boot, als sie sieht, wie Marc von einem Bewaffneten abgeführt wird. Sie fürchtet, dass ein Exempel statuiert werden soll, und fordert den Vermummten verzweifelt auf, von Marc abzulassen. Schließlich folgt sie ihm in das andere Boot. Wir sind getrennt.

Es herrscht ein unglaubliches Chaos. Die warme Luft schwirrt von durcheinander gerufenen Kommandos in einer mir unverständlichen Sprache, die wie hektisches Stakkato klingt. Eingestreute englische Fetzen wie »Relax« und »Don't panic!« klingen zynisch und sollen Panikreaktionen unter den Überfallenen vorbeugen.

Ich hocke im Boot, kann nur schemenhaft weitere Opfer und Waffen tragende Täter ausmachen, gelegentlich vom Strahl einer Taschenlampe erhellt. Ich schicke gerade ein Stoßgebet zum Himmel, »Herrgott, lass uns dies gesund überleben«, da lässt eine Frauenstimme in Todesangst mein Blut gerinnen. Wie ich später erfahre, soll eine beleibte amerikanische Tou-

ristin in das zweite Boot gezwungen werden. Sie ist aber Nicht-
schwimmerin und hat höllische Angst vor Wasser. Sie lässt sich
auf den Sandstrand fallen und schreit um ihr Leben. Ihr Mann
kann auch mit drei auf ihn gerichteten Automatikwaffen nicht
gezwungen werden, sich von seiner Frau zu trennen. Die beiden pokern hoch, sie riskieren ihr Leben – und gewinnen. Um
den Erfolg des Kommandounternehmens nicht zu gefährden,
werden die beiden Amerikaner zurückgelassen. Sie hätten genauso gut erschossen werden können.

Die beiden Boote werden ins freie Wasser geschoben, die
Außenbordmotoren heulen auf, rasch entfernen wir uns von
der Insel. Noch etwa eine halbe Stunde ist das dreimalige Blinken des Leuchtturms am »South Point« von Sipadan zu sehen,
dann umgibt uns die vom Mondschein schwach erhellte Nacht.
Ich habe mich nicht wirklich in den Arm gezwickt, aber mehrfach kommt mir der Gedanke, ob dies nicht bloß ein böser
Traum ist, aus dem ich gleich erwache.

Mit Blinksignalen der Taschenlampen halten die beiden Boote
Kontakt. Mal sind sie weit von einander entfernt, mal nähern
sie sich auf Bootslänge. Es dauert lange, bis ich für Sekundenbruchteile das silbergraue Haar meiner Frau im Lichtkegel
einer Taschenlampe erkennen kann. Erst jetzt habe ich Gewissheit, dass sie mit Marc im zweiten Boot ist.

Trotz der schrecklichen Umstände komme ich nach mehreren
Gebeten innerlich etwas zur Ruhe und nehme die an Süd-
seeromantik gemahnenden Aspekte der Szenerie wahr: die
ruhige See, die warme Brise, den überwältigenden Sternenhimmel, das auf den flachen Wellen tanzende Mondlicht. In
den Himmel blickend suche ich Trost in der Schönheit des Uni-
versums. Gott bitte ich um ein Zeichen, dass wir das, was vor
uns liegt, gesund überstehen mögen. Im Verlauf der Nacht
sehe ich drei große Sternschnuppen und leite daraus die Zu-

~~Auch~~ ~~An~~ Bord des Bootes
~~legt~~ die anfänglich extreme
Hektik langsam ab. Während
ich mich während der ersten
Stunde kaum zu rühren wagte,
aus Angst vor einer lebensbedrohenden Reaktion des Ent-
führers, ~~nicht~~ versuche ich mir
eine etwas bequemere Sitzposition
zu finden. Nicht leicht in einem
mit gut 1 m breiten Boot
auf dem sich ~~insgesamt etwa~~
knapp 20 Menschen drängen. Ein
erheblicher Teil des Bootes wird
noch von etwa 20 – 25-Liter-kanis-
tern mit Treibstoff eingenommen.
Beim Anblick der vielen Kanister
schwant mir Böses: Das wird
eine lange Bootfahrt. Ich
sollte Recht behalten. Wie
~~gäte~~ noch nach, so ~~es~~
auch hier die völlige Ungewissheit zugleich Trost: Hätte ich
wirklich wissen wollen, dass
über 20 Stunden ~~Bootfahrt~~
vor uns lagen?
Auch als wir über die offene Celebes-
See fahren, bleibt die ~~See~~ ruhig. Die
leichte Dünung lässt die Wellen in
gleichmäßigen Rhythmus gegen das Boot
klatschen. ~~Ich~~ ~~versuche~~ ~~mich~~ ~~an~~ die
Im Kopf rekonstruiere ich

versicht ab, dass wir alle drei heil aus dieser Sache heraus-
kommen.

An Bord des Bootes klingt die anfänglich extreme Hektik langsam ab. Während ich mich in der ersten Stunde kaum zu rühren wagte aus Angst vor einer lebensbedrohenden Reaktion der
Entführer, versuche ich nun eine etwas bequemere Sitzposition
zu finden. Das ist nicht leicht in einem nur gut einen Meter
breiten Boot, auf dem sich knapp zwanzig Menschen drängen.
Ein erheblicher Teil des Bootes wird zudem von etwa zwanzig
Kanistern mit je fünfundzwanzig Litern Treibstoff eingenommen. Beim Anblick der vielen Kanister schwant mir Böses:
Das wird eine lange Bootsfahrt. Ich sollte Recht behalten. Wie
später noch mehrfach, so spendete auch hier die völlige Ungewissheit zugleich Trost: Hätte ich wirklich wissen wollen, dass
über zwanzig Stunden Bootsfahrt vor uns lagen?

Auch als wir über die offene Celebessee fahren, bleibt die See
ruhig. Die leichte Dünung lässt die Wellen im gleichmäßigen
Rhythmus gegen das Boot klatschen. Im Kopf rekonstruiere ich
Position von Großem Wagen und Orion, wie ich sie vor wenigen
Stunden vom Landungssteg aus gesehen habe. So versuche ich,
grob unseren Kurs zu bestimmen. Es geht in nordöstliche Richtung. Das passt zu den Abzeichen auf manchen Uniformjacken.
Die Buchstaben MNLF weisen auf die »Moro National Liberation Front« hin, die muslimische Sezessionsbewegung auf den
südlichen Inseln der Philippinen und auf Mindanao. Damit ist
klar, in wessen Händen wir uns befinden. Kurze Gespräche mit
den Bewaffneten während der nächtlichen Bootsfahrt bringen
letzte Klarheit: Wir sind auf dem Weg in eine längere Geiselhaft – irgendwo im südphilippinischen Archipel.

2

Nach sechs Stunden nächtlicher Bootsfahrt über die Celebessee fällt der Bootsmotor aus. Wir treiben. Im zweiten Boot wird
das bemerkt. Sie gehen längsseits. Ich bitte um die Erlaubnis,
hinüberrufen zu dürfen. »Renate?« »Marc?« »Seid ihr okay?«
»Ja, alles okay.« Jetzt weiß ich, dass wir zusammen sind, wenn
auch auf zwei Booten. Auf meiner Sitz- und Hockfläche von
knapp einem halben Quadratmeter, gleich neben den Treib-
stoffkanistern, versuche ich mich wieder einzurichten.

Weitere drei Stunden später werden am Horizont Lichter erkennbar. Es sind Fischerboote, an deren vier Meter langen Aus-
legern große Lampen hängen, mit denen nachts die Fische an-
gelockt werden. Wir gehen an einem größeren Boot längsseits.
Leere Treibstoffkanister werden gegen volle ausgetauscht. Jetzt
wird klar, dass es sich um eine sorgfältig geplante Operation
handelt. Beim Start im malaysischen Sipadan waren alle Kanister voll. Also müssen die Entführer eine Unterstützerszene
in Sabah haben, dem zu Malaysia gehörenden nördlichen Teil
Borneos. Hier arbeiten viele Philippinos aus dem armen Süden
ihres Landes als legale oder illegale Gastarbeiter.

Ich darf in das zweite Boot zu Renate und Marc hinüberwech-
seln. Die Stimmung an Bord ist sehr zwiespältig. Einerseits
werden von anderen Gefangenen Furcht einflößende Spekulationen formuliert: »Religious killings« und »They are going to
sell our wives as sex slaves«. Und sehr schlimm sind die extrem
beengten Verhältnisse an Bord der beiden Boote, das stun-

denlange, fast regungslose Hocken oder Sitzen auf Vierkant-
hölzern als Sitzfläche, die Verrichtung der Notdurft über die
Bordkante, das Urinieren im Boot selbst, so dass zu unseren
Füßen eine stinkende Brühe aus Urin, Diesel und Meerwasser
schwappt, ein Becher Wasser pro Person als Verpflegung für
diesen Tag und vor allem die Angst um das bisschen Leben, das
uns im Moment noch verblieben ist.

Andererseits bemühen sich die Entführer um eine entspanntere
Atmosphäre. Zigaretten werden herumgereicht, wir dürfen uns
unterhalten, es gibt kurze Gespräche mit den Entführern. Besonders interessiert sie, aus welchen Ländern wir stammen.
Dem kleinwüchsigen Entführer, der sich als »commanding officer« bezeichnet, frage ich: »How long?« Ich möchte wissen, wie
lange diese strapaziöse Bootsfahrt noch dauern wird. Er miss-
versteht die Frage und bezieht sie auf die voraussichtliche
Länge unserer Geiselhaft. »Three months«, lautet seine spon-
tane Antwort. »Unvorstellbar, völlig unmöglich«, geht es mir
durch den Kopf.

Der Tag bricht an. Wir gleiten an zahllosen Inseln vorbei. Zunächst sind es kleinere Koralleninseln, mit Palmen bestanden,
teilweise wie aus dem Urlaubsprospekt, später dann größere
Inseln mit richtigen Bergen, die von tropischem Regenwald bedeckt sind. Die Fischerdörfer liegen in den schmalen Küsten-
ebenen oder stehen als Pfahlbauten in den seichten Uferregio-
nen.

Je steiler die Sonne am Himmel steht, desto unbarmherziger
brennt sie auf uns herab. Wir haben fast alle nur drei kleine
Kleidungsstücke an: eine Unterhose, Shorts und ein T-Shirt.
Was braucht man schon mehr, wenn man einen tropischen
Abend im Urlaubshotel genießt? Jetzt ist das ganz anders. Renate und Marc hatten sich auf Sipadan mit langen Hosen gegen die Moskitos gewappnet. Damit haben sie etwas Sonnen-

schutz. Einzelne Kleidungsstücke und Tücher werden als weiterer Schutz vor der sengenden Sonne verteilt. Zu dritt zusammengekauert, versuchen wir möglichst viel nackte Haut mit dem Palästinensertuch zu bedecken, das wir ergattert haben. Besonders gefährdet ist immer meine Glatze. Ich ziehe deshalb mein T-Shirt über den Kopf. In einem offenen Boot den tropischen Klimaelementen schutzlos ausgeliefert, ist pausenloser Sonnenschein kein »schönes Wetter«. Willkommener sind da schon eine größere Wolkendecke oder ein tropischer Schauer.

Nach über zwanzig Stunden Bootsfahrt, bei der zum Schluss mehrfach Fischer nach dem richtigen Kurs befragt werden müssen, gehen wir schließlich am Nachmittag dieses Ostermontags an Land. Der Anblick der großen Insel lässt mein Geographenherz höher schlagen: Vulkanberge mit ihrer klassischen Kegelform, von sattem tropischem Grün bedeckt, in der Küstenebene Palmenhaine, davor Mangrovensümpfe und in der flachen Uferregion das Fischerdorf. Eine schöne Landschaft.

Mit einer Gewehrsalve hatte sich einer der Entführer in unserem Boot angekündigt: »Kommandounternehmen erfolgreich abgeschlossen«, sollte das wohl heißen. Wenige Sekunden später: die Antwort als Gewehrsalve im gleichen Schussrhythmus. Sympathisantenland offensichtlich.

Nach dem Anlegen waten wir durch den Schlick des Mangrovensumpfes – völlig übernächtigt und steif vom quasi bewegungslosen Hocken im Boot. Zwei aus der Geiselgruppe ziehen sich beim Waten durch den Sumpf Schnittverletzungen an den Füßen zu. Eine halbe Stunde wandern wir noch einen Hügel hinauf, dann kommen wir bei einem Haus an. Dort werden wir schon erwartet. Der »Commander« lädt uns zu einem Abendessen nach Landessitte ein: Auf dem Boden der Veranda um Teller herum sitzend essen wir Reis und etwas Fisch mit den Fingern. Jetzt können wir auch die Zahl der Entführten genauer ermitteln: zehn Hotelgäste und elf Personen des Hotelpersonals und der Schildkrötenstation sind von achtzehn Kämpfern entführt worden.

Wir stellen uns gegenseitig vor. Zu den Hotelgästen zählen außer unserer Familie die in Paris lebende Libanesin Marie, das französische Paar Sonia und Stephane, das Ehepaar Callie und Monique aus Südafrika und die Finnen Risto und Seppo. Marc erfährt eine gänzlich unerwartete Neuigkeit: Er ist seit Antritt der Bootsfahrt verlobt. Die Entführer, Männer im Alter zwischen zwanzig und dreißig, hatten beim Zuordnen ihrer Opfer schnell bemerkt, dass die Libanesin solo war. Um Versuche der Annäherung abzublocken, hatte sie einfach auf Marc gedeutet. So bin ich unverhofft zu einer »Schwiegertochter« gekommen. Nun müssen wir das Spielchen natürlich weiter spielen.

Gegen 23.00 Uhr geht es mit zwei alten Geländewagen weiter. Auf der tief ausgefahrenen schlammigen Dschungelpiste bleiben die Wagen stecken. »Alle Männer aussteigen«, heißt es. Wir

Das erste Quartier »Crown Plaza«: rechts das Haupthaus, links die Küche.

erschrecken. Was heißt das? Aber wir sollen nur beim Schieben mit anpacken. Die durchdrehenden Räder schleudern den Matsch an unsere Beine. Dann müssen wir noch hundert Meter durch den Schlamm weiter laufen – barfuß. Nach einer Stunde erreichen wir unser endgültiges Nachtquartier, ein Bauernhaus in der landesüblichen Bambusbauweise. Notdürftig richten wir unsere Lagerstatt im Wohnzimmer und auf dem Vorbau her und fallen völlig ausgelaugt und verdreckt in einen Halbschlaf. Unentwegt plärrt ein Walkie-Talkie, wir werden dauernd mit Taschenlampen angeleuchtet.

Was ich mir als Geograph sonst immer wünsche auf meinen Reisen, mitten im Lande zu sein, am Alltagsleben der Menschen teilhaben zu können, abseits vom Hotelleben des Pauschaltouristen, hier wird es am nächsten Morgen unfreiwillig wahr. Wie sind in den Alltag einer südphilippinischen Bauernfamilie hinein»gebeamt« worden. Wir beobachten, wie sich dieses Leben abseits jeglicher Infrastruktur gestaltet. Der einzige Raum des größeren Hauses, etwa viereinhalb mal vier Meter, hat keinerlei Möblierung. Zum Schlafen werden Plastikmatten ausgebreitet. Dieser Raum wird jetzt von der Gruppe der entführten zehn Hotelgäste eingenommen, der sich Aida, die philippinische Receptionistin, anschließt. Als Dolmetscherin kann uns Aida, die eigentlich Lucretia heißt, sehr behilflich sein.

Wasser ist hier ein sehr knappes Gut. Das vom Wellblechdach rinnende Regenwasser wird von einer Regenrinne aus einer halben Bambusstange in einen Wasserkanister geleitet. Wenn es nicht regnet, muss Wasser vom Fluss geholt werden. Schon nach wenigen Tagen hat uns aber die Armee vom Fluss abgeschnitten. Dann reicht das Wasser nie aus zum Trinken, Waschen, Kochen, Abwaschen usw. Wir müssen uns dem anpassen. »Wasser« ist deshalb auch das erste Wort, das wir in der Landessprache Tagalog lernen. »Tubig« heißt es. Bald wissen wir auch, was »Wey na tubig« heißt: »Kein Wasser mehr.«

Sehr schwierig gestaltet sich die persönliche Hygiene. Natürlich gibt es keine Toilette. Oder anders herum: Die Toilette ist ganz natürlich, nämlich die gesamte umgebende Natur. Empfehlenswert ist die Toilettenbenutzung nach einem Regenschauer, dann sind die Blätter zum Abwischen noch nass, und mit den Regentropfen auf großblättrigen Pflanzen kann man sich notdürftig die Hände waschen. Die Füße werden nie sauber. Beim Gang in den Busch waten wir durch den allgegenwärtigen Matsch, und zum Füße waschen kann man kein Wasser verschwenden. Mit matschigen Füßen ins Bett zu gehen, daran muss man sich auch erst gewöhnen. Aber wo ist die Alternative? Trinken ist nun mal viel wichtiger.

An unserem ersten Tag im »Crown Plaza«, wie wir unser karges Quartier ironisch nennen, werden wir von den Damen des Hauses bekocht. Morgens etwas Heißes, das mal Tee und mal Kaffee heißt, eventuell dazu etwas süßer Plinz, mittags und abends Reis, manchmal mit etwas geräuchertem Fisch oder Sardinen aus der Dose. Für elf Personen gibt es zwei Dosen mit je 155 Gramm Sardinen. Oft wird der Fisch auch durch Sojasoße ersetzt. So wird auf Wochen hin unsere extrem einseitige und eintönige Ernährung aussehen. Das Essen wird auf offenem Feuer in der Küche zubereitet, einem kleineren zweiten Haus, das über eine Bambusplattform mit dem kleinen Vorbau unseres Hauses verbunden ist.

Am späten Nachmittag verlässt uns die Familie. Wir haben schon fast ein schlechtes Gewissen, dass wir sie aus ihrem Haus verdrängt haben. Was wir nicht ahnen können, ist, dass es sich um die Evakuierung von Zivilisten für den Fall einer kriegerischen Auseinandersetzung handelt...

Der folgende Tag, Mittwoch, der 26. April, wird zu unserem ersten Besichtigungstag. Nicht dass es für uns etwas zu besichtigen gäbe. *Wir* werden besichtigt! Es erscheinen die Bewohner umliegender Gehöfte. Bis aus einer Entfernung von zehn Kilometern pilgern sie herbei, um die fremden Wesen zu bestaunen. Viele haben noch nie Weiße gesehen. Die Mitglieder meiner Familie sind besonders exotische Attraktionen: Marc wegen seiner Größe von einem Meter neunzig, Renate wegen ihres silbergrauen Haars und ich wegen meiner Glatze.

Dann kommt eine kleine Gruppe traditionell gekleideter Mädchen von etwa fünfzehn Jahren, die sich nebeneinander hinsetzen und uns fast wort- und regungslos betrachten. Wäre noch eine ältere Autoritätsperson dabei, so hätte es der Anschauungsunterricht für einen Religionskurs der Mittelstufe sein können. »Schaut, so sehen die Ungläubigen, die weißen Teufel aus«, so etwa hätte der Lehrerkommentar lauten können. Zumindest ist das unser Gefühl.

Es kommen immer neue Kämpfergruppen in unser Camp. Fünfhundert Männer unter Waffen sollen es sein. Sie bauen sich aus Palmwedeln, Stöcken und Bananenblättern als Fußboden kleine Unterstände. Die Glücklicheren unter ihnen haben eine regendichte Plastikplane, die sie als Dach aufspannen, oder gar eine Hängematte. Tagsüber kommen sie herbeigepilgert, um ihre Beute zu besichtigen. Weiße bzw. Fremde sind für sie immer Amerikaner, »Melikans« wie sie sagen. Da wir mittlerweile wissen, dass die USA der erklärte Hauptfeind dieser islamischen Gruppe ist, weisen wir das anfangs immer zurück und erzählen geduldig, aus welchen Ländern wir kommen. Ob ihnen das wirklich etwas sagt?

Wieder andere Besucher sind um unsere religiös-politisch-ideologische Aufklärung bemüht. Hier tut sich besonders Suleyman hervor, dessen eiskalter Blick das Blut seiner unfreiwilligen Zuhörer gefrieren lassen kann. Er sagt uns ohne Umschweife in gutem Englisch, wie sehr er uns wegen unseres Lebensstils verabscheut (»detest«). Alkohol, Sex, Aids, Materi-

Rebellenhütte mit Plastikplanendach und Hängematten.

alismus, Vergnügungssucht und Ungläubigkeit sind die zentralen Stichwörter. Für ihn leben wir in den »dark ages«. Ganz anders sei das Leben bei ihnen. Er weist sogar zurück, dass die Insel Jolo, auf der wir uns befinden, ein armer Landesteil sei, denn das Materielle bedeute ihnen nichts. Im religiös-spirituellen und moralischen Sinn seien sie unvergleichlich reich. Sie lebten im rechten Glauben an den einzig wahren Gott.

Nach meiner Rückkehr nach Deutschland verwies mich ein Kollege auf das Handbuch der Geographie von Hermann A. Daniel, das 1859 in Frankfurt am Main erschien. Dort wird in einer Fußnote ein muslimischer Häuptling dieser Region zitiert, der einen Reisenden fragt: »Warum sollten wir unseren Glauben verlassen und Christen werden?... Anmaßung, Trinksucht, Unsittlichkeit, Habsucht, Heuchelei und Gewalttätigkeit folgen (dem weißen Mann) auf dem Fuße nach, um sich überall, wo er sich niederlässt, einzubürgern. Glaubt es, wir sind bessere

Menschen als ihr.« Dieses Zitat gibt einen Eindruck von der historischen Kontinuität, in der Suleymans Argumentation zu sehen ist.

Dann ordnet er den derzeitigen Kampf der Muslime auf den Südphilippinen in die historischen Zusammenhänge ein. In ihrem Kampf für einen eigenen islamischen Staat, zunächst bestehend aus den Inseln Jolo, Basilan und Tawi-Tawi, seien wir die »Instrumente« zur Erreichung ihrer gerechten politischen Ziele.

Dass für uns dieser Kampf nur fünf Tage später schreckliche Realität werden sollte und uns einen der furchtbarsten Tage unseres Lebens bescheren sollte, das ahnten wir, die »Instrumente« in diesem Unabhängigkeits- und Glaubenskampf, jetzt noch nicht.

3

Das unfreiwillige Eintauchen in einen völlig fremden Kulturkreis bedeutet, dass wir uns an vieles gewöhnen müssen. Dieser Gewöhnungsprozess ist für uns mit erheblichen psychischen
Belastungen verbunden. Dass unsere unmittelbare Umwelt vor
Waffen starrt, haben wir schon nach wenigen Tagen als neue
Realität verbucht. Etwas schwieriger ist das mit dem Zoo-
Effekt. Immer wieder, über Wochen hinweg, werden wir angestarrt, neugierig bestaunt, wird amüsiert oder verächtlich auf
uns herabgeblickt. Wieder andere nehmen durch ein freund-
liches Lächeln, durch Augenbrauenhochziehen oder mit ein
paar Brocken Englisch Kontakt zu uns auf. Es empfiehlt sich,
differenziert zu reagieren, freundlich zu den Netten zu sein und
die Fiesen einfach zu ignorieren, so den etwa zwanzigjährigen
Kämpfer, der sich stolz »young killer« titulieren lässt und mir
im Vorbeigehen zuruft: »You are just animals. Understand?«

Harmlos dagegen, aber auch schwer zu ertragen, ist das unab-
lässige Spucken. Ständig spucken die Leute vor sich auf den
Boden. Es scheint zu ihrem Wohlbefinden beizutragen. Wenn
sie dies aber tun, während sie uns aus etwa einem Meter Entfernung dabei zuschauen, wie wir unsere tägliche Reis-Fisch-
Ration hinunterwürgen, dann müssen wir unsere ganze Kraft
für die Verdrängungsmechanismen mobilisieren, um nicht
gleich alles wieder auszukotzen.

Stephane, der französische Ingenieur, hat auch für die zweite
Hälfte des Giebeldaches unseres Hauses eine Regenrinne aus

Bambus gebaut, die als Dusche auf der kleinen Veranda endet. Jetzt warten wir auf einen kräftigen Gewitterschauer. Und er kommt einen Tag später. Reihum wird geduscht, während sich gleichzeitig unsere Wasserkanister füllen. Unsere Stimmung steigt spürbar. Wir fühlen uns richtig sauber – bis wir wieder durch den nun noch schlimmeren Matsch in den Busch müssen.

Am Vormittag des 29. April haben wir unseren ersten Pressebesuch. Eine junge Muslimin kommt mit einer Videokamera und einem kleinen Fotoapparat. Nicht nur die Ausrüstung, auch die Dame selbst macht einen amateurhaften Eindruck. Die Videokamera wackelt während der Aufnahmen wie ein Lämmerschwanz, ihre Fragen sind teilweise albern, zum Beispiel: »Wer ist schuld an ihrer Lage?« Ich bin fast geneigt zu antworten: »Wir natürlich. Wir sind zur falschen Zeit am falschen Ort!« Trotz qualitativer Mängel waren ihre Bilder wichtig, erste Lebenszeichen für die Angehörigen daheim.

Unsere Reaktion auf diesen Pressebesuch ist ebenfalls positiv. Wir sind zuversichtlich, dass uns das hilft. Denn nun haben die Entführungsopfer ein Gesicht, nun weiß die Welt von unserem Schicksal, wir können nicht so leicht vergessen werden. Die Stimmung in der Geiselgruppe ist gut – bis zum Abend. Da stürzt sie ins Bodenlose. Wir müssen nach Anbruch der Dunkelheit das Haus verlassen. Das philippinische Militär rückt auf unser Lager vor, heißt es.

Wir raffen ein paar Habseligkeiten zusammen, die am Vortag verteilten gebrauchten Kleidungsstücke und Badelatschen. Dann marschieren wir anderthalb Stunden durch die feuchtschwüle Nacht, durch Bananenplantagen und dichtes Unterholz, stolpern in Palmenhainen über die zahllosen Kokosnüsse, die im Weg liegen. Renate muss häufig vor Erschöpfung pausieren. Nach anderthalb Stunden geht es wieder zurück in das

Lager. Das Militär, so hören wir, hat uns den Weg abgeschnitten. Nach drei Stunden Nachtmarsch fallen wir erschöpft auf unser Lager.

Am Morgen zeigen sich die Folgen der nächtlichen Qualen. Renate erleidet eine Art Herzanfall oder Schock. Sie zittert zwei Stunden lang am ganzen Leib. Der Puls ist auf doppelter Frequenz. Alles, was wir tun können, ist, sie beruhigend zu streicheln, ihr Luft zuzufächeln, Wasser einzuflößen und die Stirn zu kühlen.

Dabei wird das Wasser schon wieder knapp, denn es regnet den ganzen Tag nicht. Der strahlend blaue Himmel hat am frühen Nachmittag noch eine weitere Konsequenz. Ein Aufklärungsflugzeug der philippinischen Armee überfliegt unser Lager mindestens ein Dutzend Mal. Zunächst in respektvoller Höhe, dann jedes Mal ein Stück niedriger. Das ist kein gutes Zeichen. Doch die Guerillakämpfer zeigen sich unbeeindruckt. Sie johlen trotzig bis siegessicher bei jedem Überflug, machen keine Anstalten, sich zu verstecken. Auch wir Geiseln mit unserer verräterisch weißen Haut dürfen uns vor dem Haus aufhalten.

Die abendlichen Gespräche unter den Geiseln drehen sich natürlich um mögliche Konsequenzen. Das Terrain erkundet man nur, wenn eine militärische Aktion geplant ist. Wollen wir das? Wollen wir, dass man versucht, uns hier rauszuhauen? Ähnliche Fragen hatten wir uns schon gestellt, als wir drei Tage zuvor von der Radiomeldung hörten, die Bundesregierung habe die Entsendung von Spezialtruppen angeboten. Auch dieses Mal kommen wir zu dem einhelligen Urteil: viel zu riskant, unverantwortlich, völlig aussichtslos. Auch wenn wir nicht die Einschätzung teilen, dass die Moros, die muslimischen Rebellen der Südphilippinen, die besten Kämpfer der Welt sind, wie es uns Suleyman vor ein paar Tagen nicht ohne Stolz erzählt hat – niemand kann einundzwanzig Geiseln einigermaßen sicher aus der Hand von über fünfhundert schwer bewaffneten Rebellen befreien.

Auch nachts schlafen stets etliche bewaffnete Bodyguards mit in unserem Haus, trotz der extrem beengten Verhältnisse. Pro Person verbleibt eine Schlaffläche von etwa einem Quadratmeter. Wir können uns nicht ausstrecken, liegen teilweise nur auf der Seite. Unter unseren persönlichen Bodyguards sind stets Galib Andang, 33, »Commander Robot« genannt, weil er – so die Rebellenlegende – bei einem Gefecht mit der Armee auch dann noch roboterhaft weiterging und kämpfte, als er schon von Kugeln getroffen war. Er war auch der »commanding officer« des Entführungskommandos. Der zweite Rebellenführer in unserer unmittelbaren Umgebung ist Mujib Susukan, 27. Er hat diese Funktion von seinem Vater geerbt, der als Führungsmitglied der MNLF im Kampf gegen die philippinische Armee um-

Die Rebellenkommandeure Mujib Susukan (links) und Galib Andang (genannt Robot, rechts).

kam. Weitere Bewaffnete schlafen auf dem Vorbau des Hauses. Welche Chance soll da ein Befreiungsversuch haben?

Am 1. Mai kommen zum zweiten Mal die philippinischen Medien. Ist dies der Grund, weshalb wir zwei Stunden vorher eine Kiste Cola spendiert bekommen haben? Dieses Mal sind Profis gekommen: ein Kamerateam, ein Fotograf, ein Radioreporter. Als Sprecher für die Geiselgruppe verkünde ich zunächst die von Suleyman gewünschten Statements bezüglich der Einschaltung von UN und OIC (Organization of Islamic Conference) in unserem Fall. Es geht den Entführern offensichtlich um eine politische Aufwertung ihrer Gruppe auf internationaler Ebene. Sie heißen offiziell »Islamische Bewegung«, werden aber meist »Abu Sayyaf« genannt.

Wir geben alle reichlich Interviews, freuen uns über den Kontakt mit der Außenwelt. Keinem von uns war vorher jemals ein solches Medieninteresse entgegengebracht worden. Bei den Interviews, die auf Englisch laufen, hört Suleyman aufmerksam zu. Er hat seine schwarze Strickmütze zur Gesichtsmaske heruntergerollt. Auch die knappen Mitteilungen an unsere Botschaften lässt er sich übersetzen. Nach einer guten Stunde zieht die Presse wieder ab, ebenso die völlig ungeeignete so genannte Ärztin, die sich um nichts gekümmert hat, sondern nur überflüssige Medizin dalässt, darunter kartonweise Infusionslösung. Werden hier Schwerverletzte erwartet? Auf jeden Fall machen sich solche Lieferungen gut auf den Pressefotos, die der Fotograf reichlich angefertigt hat.

Wir diskutieren anschließend mit Suleyman. Er zeigt sich angetan von den inhaltlichen Aussagen unserer Interviews und unserer kooperativen Haltung. Auf diese Generallinie hatte sich die Gruppe der Geiseln schon in den ersten Tagen verständigt. Wir Geiseln wollen alles tun, was zu einer raschen und friedlichen Lösung unseres Falls beiträgt. Das haben wir bei diesem Pressetermin zum ersten Mal praktisch umsetzen können.

In der Diskussion mit Suleyman über die Rolle des Islam in der Welt sind unsere Positionen unvereinbar. Er vertritt eine absolut kompromisslose Position. Der Islam hat nach seiner Auffassung eine globale Mission. Es geht um nichts weniger als die »Reinigung der Weltgesellschaft von all ihren Übeln« (cleansing of this society from all its evils). Bezeichnend ist sein häufig eingeflochtener Lieblingsspruch: »Das ist eine Frage des Prinzips« (It is a matter of principle). Seine räumlichen und zeitlichen Dimensionen sind die Welt, das Universum und die Ewigkeit. Und wir sind die »Instrumente« in seinen Händen.

Der 2. Mai beginnt friedlich, aber wir fühlen uns ziemlich gestresst, denn wir wissen nicht, was nun wird. Wir unterhalten uns über das Tauchen, um uns abzulenken. Mit Walid, einem der religiösen Führer, spiele ich eine Runde Schach und verliere klar mit meiner ungestümen Angriffsstrategie.

Am Ende dieses Vormittags fällt unser Stimmungsbarometer rapide, als es heißt, dass wir uns marschbereit machen müssen. Die Wasserversorgung ist auch bei sparsamstem Verbrauch nicht mehr gewährleistet, da jetzt etwa siebenhundert Kämpfer um uns versammelt sind, und außerdem hat die Armee den Zugang zum Fluss und damit zum Trinkwasser abgeschnitten. Wir packen unsere wenige Habe und bekommen vor dem Marsch noch etwas Essen zur Stärkung. Wir stochern missmutig im Reis herum, da bricht unvermittelt das Kriegsinferno über uns herein.

Ein entsetzter Schrei aus dem nahen Palmenhain signalisiert Feindkontakt und löst hektisches Chaos im Camp aus. Kämpfergruppen stürzen in Richtung Palmenhain, Salven aus automatischen Waffen sind zu hören, dazwischen einzelne Gewehrschüsse. »Down, down!«, schreit Suleyman, der mit uns gegessen hat. Wir werfen uns flach auf den Bambusboden unseres Hauses und blicken uns entsetzt an. Jetzt sind wir mitten im Guerillakrieg. Der Gefechtslärm wird intensiver. Ein Maschinengewehr rattert, Granaten explodieren, Salven aus Sturmgewehren, infernalische Apokalypse. Ich schicke ein Stoßgebet zum Himmel: »Herrgott, hol' uns aus dieser Scheiße raus«, und werde auf merkwürdige Weise ruhig, während um uns der Krieg tobt.

»Wir kommen hier heil raus«, versuche ich meine Familie zu beruhigen. Marc hat sich halb auf seine Mutter geworfen, um sie zu schützen, streichelt sie beruhigend. »Come, come!«, ruft Suleyman und fordert uns zum Verlassen des Hauses auf. Ich greife nach Marcs Reissack mit Kleidung und stürze auf den

Nachgestelltes Bild der Gefechtssituation am 2. Mai.

Vorbau hinaus. Beim Blick nach rechts brennt sich eine Kampfszene wie eine Fotografie in mein optisches Gedächtnis ein:
Zehn Meter entfernt feuert ein junger Kämpfer aus der Hüfte
ein ganzes Magazin leer. Orangerotes Mündungsfeuer zuckt
aus seiner Waffe. Über ihm wird ein Palmwedel von einer Kugel
getroffen, bricht ab und fällt neben ihm zu Boden. Der Feind
kann also nicht weit sein. Die Front verläuft direkt vor uns!

Marc fängt Renate auf, die bei der Flucht aus dem Haus zu stürzen droht. Wir gehen hinter einem Steinhaufen in Deckung.
Weitere Kämpfergruppen rennen in Richtung des Gefechts-
lärms, andere scharen sich um uns, offensichtlich zu unserem
persönlichen Schutz abkommandiert, darunter auch die Gruppe von Commander Robot. Zwei Meter von uns entfernt greift
er in das Kampfgeschehen ein. Er hält seine Waffe schräg – eine
M 203, wie er uns später erklärt – und feuert großkalibrige Mu-
nition ab, die wie eine kleine Granate wirkt. »Wie weiß der, wo
der Feind steht und wo die eigenen Leute?«, denke ich. Einen
Moment ebbt das Kampfgeschehen etwas ab. »Come, come!« In
gebückter Haltung rennen wir quer durch das Camp, weg vom
Gefechtslärm. Zwischendurch werfen wir uns immer wieder
hinter Palmen oder Bananenstauden. »Nur die Familie in diesem Chaos nicht verlieren«, durchzuckt es mich, und »Kommen
wir hier wirklich heil raus?«.

4

Wir liegen auf einer kleinen Lichtung, etwa fünfhundert Meter von unserem ersten Quartier, dem »Crown Plaza« entfernt. Jetzt hören wir nur noch einzelne Schüsse und gelegentlich in einiger Entfernung kurze Feuerstöße. Trotzdem müssen wir Geiseln auf dem Boden liegen bleiben, die Guerillakämpfer stehen oder gehen herum.

Plötzlich ist ein unwirkliches Heulen in der Luft. Blitzartig lassen sich alle Kämpfer gleichzeitig zu Boden fallen. Sekundenbruchteile später ein ohrenbetäubender dumpfer Knall, weniger als hundert Meter entfernt. Man spürt die Druckwelle. Artillerie! Noch weitere fünf bis sechs Granaten heulen heran und detonieren.

Solches Teufelswerk sät den Tod unterschiedslos über Rebellen und Geiseln aus. In diesen Momenten, in denen wir auf die nächste heranheulende Granate warten, haben wir erfolgreiche Schutzengel. Nur eine winzige Drehung an einem Einstellrädchen der Kanone bedeutet für uns den Unterschied zwischen Leben und Tod. Wir aber leben! Unversehrt!

Über diesen Angriff haben wir in den folgenden Wochen viel gesprochen. Wir waren uns in unserem Urteil einig: Geiseln rettet man nicht mit Artilleriegeschossen. Hier wurde der Tod der Geiseln billigend in Kauf genommen. Die Geiselkrise sollte durch eine Demonstration militärischer Stärke auf Kosten unseres Lebens gelöst werden. Offiziell wurden ganz andere Verlautbarungen von Seiten der philippinischen Regierung veröffentlicht. Vielleicht hätte man dann noch von einem tragischen Unfall oder Irrtum gesprochen, aber man wäre die lästige Geiselnahme als innenpolitisches Problem schnell los gewesen.

Nach Auskunft neutraler Medienvertreter ist unser Quartier »Crown Plaza« noch einen ganzen weiteren Tag lang beschossen worden. Das nur einen Kilometer entfernte TV-Team war akustischer Zeuge dieser Vorgänge, wurde aber von einem General dazu verdonnert, absolut nichts darüber zu berichten, wie wir später erfuhren. Sie taten es auch nicht. Letztlich hat uns das militärische Unvermögen der philippinischen Armee das Leben gerettet. Und unsere Entführer wurden zu unseren Verteidigern. Verdrehte, verrückte Verhältnisse!

Nach fünfzehn Minuten flüchten wir weiter. Nur vereinzelt hören wir noch Schüsse. Am späten Nachmittag rasten wir. Die unmittelbare Lebensgefahr scheint gebannt. Am Abendgebet der Kämpfer nehmen dieses Mal deutlich mehr teil als sonst. Auch die Guerilla ist sich der Notwendigkeit höheren Beistands in dieser Situation bewusst.

Nach dem Abendgebet, die Dämmerung bricht herein, geht es weiter. Wir treten unseren zweiten Nachtmarsch an. Auch dieses Mal hat nur jeder zweite Kämpfer eine Taschenlampe. Meist sehe ich nicht, wohin ich trete. Wenn es durch Plantagen geht, in denen die Fasern des Manilahanfs geerntet worden sind, stolpere ich über die runden glitschigen Stämme der Stauden und in Kokosplantagen über die Nüsse. Auf breiteren Wegen treten wir urplötzlich in zwanzig Zentimeter tiefe Fahrspuren, in denen das Regenwasser steht. Der Schlamm ist manchmal so tief und zäh, dass meine billigen Plastiksandalen, ohnehin drei Nummern zu klein, kaputt gehen. Dann muss ich, während ich barfuß weitermarschiere, das Stück Plastik, das zwischen dem großen und dem zweiten Zeh die Sandale am Fuß hält, wieder durch das Loch in der Sohle stecken.

Aber das sind Kleinigkeiten im Vergleich zu den Problemen gesundheitlicher Art, denen sich Renate gegenübersieht. Sie ist den Strapazen nicht gewachsen. Immer häufiger muss sie erschöpft pausieren, dann kollabiert sie ganz. Von der Spitze der Marschkolonne wird ein Reiter mit einem kleinwüchsigen Pferd nach hinten kommandiert. Renate nimmt hinter ihm auf dem Pferd Platz und bewältigt so die restlichen Kilometer.

Nach mehr als fünf Stunden Nachtmarsch übernachten wir an einem Waldrand. Ein paar Bananenblätter werden abgeschlagen, das sind unsere Betten. Blitzartig schlafen wir erschöpft ein, bis wir wenig später geweckt werden, weil der Reis fertig ist. Ich fluche. Danach kann ich nur schlecht wieder einschlafen.

Bei Tagesanbruch ist Bescherung. Die Botschaften scheinen etwas geschickt zu haben: Drei Schlafsäcke aus dünner, orangeroter Plastikfolie, die vor dem Auskühlen des Körpers schützen sollen, dazu Sandalen und kurze Hosen – hochwillkommen, denn meine eigene Hose hatten wir bei der Flucht vor dem Angriff eingebüßt, zusammen mit einer Decke und einer Plastikmatte. Außerdem gibt es ein paar Dosen Corned Beef und eine Kampfpackung der französischen und der deutschen Armee pro Person – wie passend für uns als unfreiwillige Teilnehmer an einem Guerillakrieg.

Wir marschieren weiter, zum ersten Mal tagsüber. Als Geograph bin ich überwältigt von den Natur- und Kulturlandschaften, durch die unser Marsch geht: Reste von tropischem Primärwald, Palmenhaine, Bananenplantagen, Felder mit Bergreis.

In den kleinen, locker hingestreuten Siedlungen, durch die wir marschieren, stehen die Leute Spalier. Vorwiegend Alte, Frauen und Kinder bestaunen die lange Karawane aus Bewaffneten, Trägern von Reissäcken und Ausrüstung und weißhäutigen Geiseln.

Zu Füßen eines Vulkankegels, oberhalb eines kleinen Flusses, wird das Lager aufgeschlagen. Hier gibt es kein Haus für uns. Wir müssen uns unsere primitive Unterkunft selbst bauen. Aus unterarmdicken Stämmen kleiner Bäume bauen unsere Ingenieure Stephane und Risto ein ein Meter hohes Gerüst, in das wir als Regenschutz (sprich: Dach) die drei aufgeschnittenen orangeroten Überlebenssäcke spannen können. Tagsüber, wenn es nicht regnet, sind sie aufgerollt. Wir müssen schon sehr eng liegen, um mit elf Personen dort hineinzupassen. In der ersten Nacht sitzen Marc und ich abwechselnd, nur einer von uns hat jeweils einen Schlafplatz. Die Malayen als zweite Geiselgruppe haben noch weniger Platz in ihren Hütten mit Dächern aus Bananenblättern, aber irgendwie muss es gehen.

Schon am ersten Abend erwischt uns ein einstündiges tropisches Gewitter, das wir eng gedrängt in unserem »Open Air Camp« aussitzen müssen. In der Nacht ist es nach dem Regen so kühl, dass wir uns mit den Plastikbahnen des »Dachs« zudecken müssen.

Vier Nächte insgesamt bleiben wir im »Open Air Camp«. Waren im »Crown Plaza« ergiebige Regenschauer noch sehr willkommen, weil sie Wasser zum Trinken und Duschen brachten und wir in einem richtigen Haus mit regensicherem Wellblechdach wohnten, so sehen wir das jetzt ganz anders. Unsere primitive biwakähnliche Bleibe steht nach jedem Gewitter unter Wasser, und die Unterlage aus Bananenblättern muss erneuert werden.

locker hingestreuten

In den kleinen Siedlungen, durch die wir
marschieren, stehen die Leute Spalier.
Vorwiegend Alte, Frauen und Kinder bestaunen
die lange Karawane aus Bewaffneten, Trägern, Reissäcken und Ausrüstung und weißhäutigen
Geiseln. Zu Füßen eines Vulkankegels, oberhalb
eines kleinen Flusses wird das Lager aufgeschlagen. Hier gibt es kein Haus für uns.
Wir müssen uns unsere
primitive Unterkunft selbst bauen. Aus
unterarmdicken Stämmen kleiner Bäume
bauen unsere Ingenieure, Stephane und Risto,
ein 100 cm hohes Gerüst, in das wir als
Regenschutz, sprich: Dach, die drei aufgeschnittenen Survivalbags spannen können.
Tagsüber, wenn es nicht regnet, sind sie
aufgerollt. Als Unterlage dienen Bananenblätter
und die zwei verbliebenen Plastikmatten.
Wir müssen schon sehr eng liegen, um mit
11 Personen dort hineinzupassen. Die Malayen
als zweite Geiselgruppe haben noch weniger Platz
in ihren Hütten mit Dächern aus Bananenblättern. Schon am ersten Abend erwischt
uns ein einstündiges trop. Gewitter, das wir
eng gedrängt in unserem "Open - Air - Camp"
aussitzen müssen. In der Nacht ist es nach
dem Regen so kühl, dass wir das Dach zudecken
müssen. (Plastikbahnen des)

Ich borge mir ein Buschmesser und gehe in eine Bananen-plantage. Auf dem Weg dorthin täuscht eine Kämpfergruppe vor, Angst vor mir mit dem langen Buschmesser zu haben. Humor ist auf dieser Insel also trotz allem nicht ausgestorben.

Noch schöner dann eine ähnliche Szene mit Marc am folgen-den Tag. Auch er zieht mit einem Buschmesser los, um Bana-nenblätter zu holen. Es überrascht ihn ein halbstündiges Ge-witter, das er in einer Hütte der Fighter verbringt. Wir sorgen uns. Als er auf dem breiten, von Palmen gesäumten Hauptweg des Camps schließlich zurückkommt, reckt Marc beide Arme nach oben, die Guerillakämpfer klatschen und johlen vor Spaß. Die ganze Szene wird von den ersten Sonnenstrahlen nach dem Gewitter erhellt. Schöner könnte das auch Hollywood nicht inszenieren.

Der Standortfaktor für dieses Camp ist der hundert Meter ent-fernte kleine Fluss. Sein Wasser ist sauber genug zum Waschen, Trinkwasser kommt in ausreichender Menge aus einer Fels-wand. Schwierig ist aber der schmale, steile Weg hinunter zum Wasser. Nach dem Gewitterregen rutschen hier auch die Kämp-fer beim Wasserholen aus.

Die Stimmung dort unten ist idyllisch. Über dem plätschernden Bach tanzen metallicblaue und purpurrote Libellen in der Sonne. In den hohen Wipfeln schwingt sich eine Gruppe Affen von Ast zu Ast. Frauen aus den umliegenden Gehöften wa-schen schwatzend und kichernd ihre Wäsche. Hier unten am Bach fühlt sich auch Renate wohl.

Jeden Tag wagen wir als »Dreierseilschaft« den schwierigen Abstieg. Am 6. Mai passiert es. Renate kollabiert auf dem Rückweg in der heißen Mittagssonne. Wir müssen sie in ihre Hängematte tragen. Sie ist nicht ansprechbar. Wasser einflößen und Luft zufächeln ist alles, was wir tun können. Dann noch dramatischer: Die Kämpfer packen! Das Militär rückt heran, sagt Walid. Aus einer Plastikplane und zwei starken Ästen unseres Biwaks basteln wir für Renate eine Trage.

Gegen siebzehn Uhr kommt eine Ärztin zusammen mit philippinischen Pressevertretern. Sie misst Renates Blutdruck, 80 zu 40. Marc und ich appellieren an Walid, Gnade zu zeigen und Einfluss zu nehmen, damit Renate freigelassen wird. Marc droht damit, sie auf die Trage zu legen und einfach loszumarschieren – egal, was passiert. Walid zeigt sich beeindruckt, hat aber selbst wenig Einfluss. Zusammen mit der so genannten Ärztin geht er zu den »decision-making brothers«. Marc folgt ihnen zehn Minuten später.

Die Antwort nach einer halben Stunde: NEIN. Es zeigt sich, dass humanitäre Gesichtspunkte hier keine Rolle spielen. Die Ärztin will sich dafür einsetzen, dass am nächsten Tag das Rote Kreuz hereingelassen wird. Dann drängt sie auf den Aufbruch. Sie hat, nach eigenem Bekunden, Angst vor den Rebellen. Ein Kämpfer, der als Sanitäter ausgebildet sein soll, versucht bei Renate eine Infusion in den Handrücken zu legen, weil die Ärztin es empfohlen hatte, es selbst aber aus Zeitgründen nicht mehr konnte. Der Sanitäter trifft die Ader nicht. Renate wehrt sich im Unterbewusstsein. Wir brechen ab.

Renate dämmert weiter vor sich hin, wie schon den ganzen Nachmittag. Beim Versuch, ihr im Liegen Wasser einzuflößen, bekommt sie Wasser in die Luftröhre und erleidet einen Erstickungsanfall. Sie ringt mit verzerrtem Gesicht nach Luft. Marie hilft Renate mit einer sachkundig ausgeführten Mund-zu-Mund-Beatmung. Die Atmung stabilisiert sich.

Nach einer halben Stunde ist Renate ansprechbar. Sie möchte eine Suppe. In einer kleinen Blechdose erhitzen wir auf dem Minikocher aus der französischen Kampfration etwas Wasser

und rühren ihr eine Instantsuppe aus der deutschen Kampfration an. Wir sind glücklich, ihr diesen Wunsch erfüllen zu
können.

Beim Frühstück sind wir am nächsten Tag, es ist der 7. Mai,
guten Mutes. Wir haben gestern gehört, was auf politischer
Ebene geschieht, um uns freizubekommen. Schröder und
Chirac sollen sich persönlich eingeschaltet haben, und ein rie-
siges Medienaufgebot soll in Jolo auf unsere Freilassung warten. Die Stimmung sinkt jedoch, als wir bemerken, dass überall gepackt wird. Wir tun das auch, legen Renates Trage wieder
bereit und warten ab.

Plötzlich, gegen neun Uhr dreißig, wird nur dreihundert Meter
von uns entfernt wieder geschossen. Der Gefechtslärm nimmt
zu, auch schweres Geschütz ist dabei. Wir rennen hundert Meter und gehen unter einem großen Baum in Deckung. »Drop,
drop!« Dann taucht wie aus dem Nichts ein professionelles TV-
Team mit dem Reporter Israel des Senders ABS-CBN auf, begleitet von einem philippinischen Fotografen. Ich richte aus
aktuellem Anlass einen dramatischen Appell an die »United
Nations and the entire world«, die philippinische Regierung und
die Armee zu zwingen, alle militärischen Aktionen einzustellen.
Im Hintergrund fallen derweil weiter Schüsse. Renate erleidet in
dieser Gefechtssituation erneut einen Schock. Sie ist nicht ansprechbar, zittert am ganzen Leib. Wir streicheln, flößen Wasser
ein, fächeln Luft zu. »Wir wollen hier nicht sterben« ist der zentrale Satz meines Fernsehappells, den Walid »touching« nennt.

Wie wir später erfahren, haben diese dramatischen Bilder meines verzweifelten Appells und der leidenden Renate, beides vor
dem Hintergrund des zweiten Angriffs der Armee, weltweit
verbreitet über den Sender CNN, die Weltöffentlichkeit aufge-
rüttelt und auf unser Leiden und die unmittelbare Lebensgefahr aufmerksam gemacht.

Nach Zeitungsberichten, die wir später erhielten, gab es in Deutschland Diskussionen darüber, ob solche schrecklichen Bilder gezeigt werden sollten. Was für eine akademische Diskussion! Wir waren in der Hand von Moslemrebellen, standen unter psychischem und physischem Dauerstress, wurden von der philippinischen Armee angegriffen. Diese Wahrheit musste in den Medien gezeigt werden. Hätte man dies nicht getan, so wären wir der einzigen Möglichkeit beraubt worden, begrenzten Einfluss auf unser Schicksal zu nehmen.

Es war letztlich die Macht der Bilder im global vernetzten Mediensystem, die politische Entscheidungsträger mobilisierte, die Regierung in Manila von ihrer fatalen Doppelstrategie abzubringen, in öffentlichen Statements zu beruhigen und insgeheim eine militärische Lösung zu suchen. Nur der massive politische Druck hat schließlich die philippinische Regierung gezwungen, Verhandlungen mit den Rebellen aufzunehmen und nach einer friedlichen Lösung der Krise zu suchen, in deren unmittelbarem Zentrum wir uns befanden.

5

Die Gefahr für unser Leben war an diesem Sonntag, dem 7. Mai, aber noch nicht vorüber. »Come, come!« Weiter geht es auf unserer Flucht vor dem zweiten Angriff der Armee. Das TV-Team ist irgendwohin verschwunden, der Gefechtslärm ist abgeklungen. Nur noch vereinzelte Schüsse und Detonationen. Trotzdem müssen wir die nächste Stunde zusammengepfercht in einem Erdloch verbringen. Dort sind wir relativ sicher vor Geschossen.

Dafür fällt die vielfältige Insektenwelt des tropischen Regenwalds über uns her: zahlreiche Ameisenarten, von denen besonders die großen gelben sehr unangenehm zubeißen, und die zwanzig Zentimeter langen Tausendfüßler, die schmerzhafte Verätzungen der Haut verursachen. Und von oben brennt sengend die Mittagssonne auf uns herab.

Nach einer Stunde ist es ruhig geworden. Wir packen unsere Bündel und reihen uns in die lange Schlange der Kämpfer ein. Renate wird wieder auf der Trage transportiert. Zu meiner Überraschung geht es in die Richtung, aus der vorher Schüsse zu hören waren. Wir sind ziemlich an der Spitze der Karawane, die Kommandeure ganz in unserer Nähe.

Wir sind kaum fünfzehn Minuten marschiert, da sind vor uns, keine hundert Meter entfernt, wieder Feuerstöße aus automatischen Waffen zu hören. »Back, back!« Wir rennen in geduckter Haltung zurück. »Cover!« Alle gehen in Deckung. Die vier Träger tun das so gehorsam, dass sie Renate in ihrer Trage

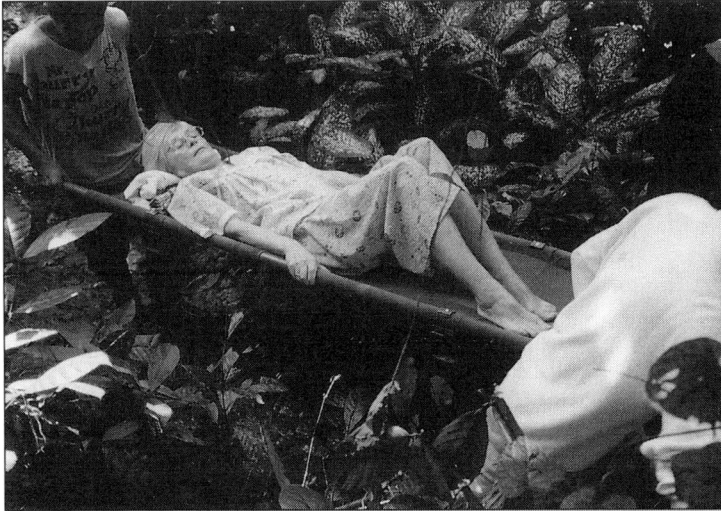

Auf den langen Märschen trugen vier Rebellen meine Frau auf einer Trage.

einfach auf dem Waldpfad abstellen, um selbst hinter Bäumen Schutz zu suchen. Ein Kommandeur muss sie erst anschnauzen, damit auch Renate in Deckung gebracht wird. Es ist nicht nur ein Befehl, der die Kämpfer Schutz suchen lässt. Viele haben nach eigenem Bekunden einfach Angst um ihr Leben. Verständlich. Wir auch.

Nach einer Viertelstunde ist es wieder ruhig. Es geht etappenweise wieder in die ursprüngliche Richtung. Renate in der Trage, die Kommandeure vorweg, die Geiseln dahinter, so bilden wir die Spitze der langen Marschkolonne. Ganz offensichtlich sind wir ihre Lebensversicherung. Wir sind menschliche Schutzschilde für die Guerilla. Kämpfer sichern nach beiden Seiten, anfangs hinter Bäumen Deckung suchend. Meist müssen wir schon nach zweihundert Metern wieder zu Boden. In regelmäßigem Wechsel kommen die Kommandos »Drop, drop!« – »Up, up!« – »Move, move!« – »Faster, faster!«

Nachgestellte Kampfszene.

Der dreistündige Marsch geht durch sehr schwieriges, steiles Gelände, immer auf schmalen, rutschigen Pfaden. Auch Marc und ich tragen Renate auf einem abschüssigen Weg zu einem Fluss hinunter. Mehrere Kämpfer rutschen aus und glitschen auf dem Hosenboden weiter. Wir vier Träger müssen höllisch aufpassen, Renate auf ihrer Liege heil hinunterzubekommen – immer wieder mit der freien Hand an Pflanzen Halt suchend. Auf der anderen Seite geht es schweißtreibend genauso steil bergauf. Wir müssen wechseln.

Anfangs hatte ich stets das Gefühl, als marschierten wir direkt in einen Hinterhalt der Armee, aber es bleibt ruhig. Die Gehöfte, an denen wir vorbeimarschieren, sind verlassen. Nur Federvieh und Katzen streunen herum. Nach drei Stunden Marsch rasten wir bei einem Gehöft, dessen Bewohner zum großen Teil noch nie Weiße gesehen haben. Die Kinder kommen mit staunenden Augen nur zögernd näher, als wir, auf einem Baumstamm sitzend, uns ein Corned-Beef-Sandwich machen. Alte Frauen interessieren sich besonders für unsere großen Nasen, und sie berühren vorsichtig die nackte Haut unserer Unterarme. Wir wüssten zu gern, was sie sich lachend darüber zu erzählen haben, aber Aida, unsere philippinische Mitgeisel, versteht ihre Lokalsprache auch nicht.

Bei Anbruch der Dämmerung flackern zahlreiche kleine Lagerfeuer im lichten Wald auf. Die einzelnen Kämpfergruppen von acht bis zehn Mann kochen ihre Reisrationen. Die Szene hat äußerlich etwas von einer romantischen Räuberszene aus einer Operette. Und Räuber sind es auch. Aber romantische Gefühle kommen bei uns nicht auf. Wir wissen, wir müssen noch weitermarschieren, und versuchen, noch etwas Kraft zu schöpfen.

Gegen 19.30 Uhr starten wir zu unserem dritten Nachtmarsch. Das Gelände ist genauso schwierig wie am Nachmittag: bergauf, bergab, durch kleine Flüsse. Und alle Pfade sind rutschig. Streckenweise ist der Matsch so tief und zäh, dass es einem sogar Stiefel ausziehen würde. Dann nehme ich meine Sandalen in die Hand und marschiere besser barfuß. Diese verschlammten Stellen werden oft von den Stimmen der Frösche angekündigt. Ihr Quaken in verschiedenen Tonhöhen klingt wie eine diabolische Verhöhnung der erschöpften Vorbeiziehenden: »Ha, ha, ha« – »Hi, hi, hi« – »Hö, hö, hö«.

Nach mehreren Stunden Nachtmarsch wird der Tritt unsicher. Ich stürze zweimal auf mein rechtes Knie. Scheiße! Ausgerechnet das rechte! Zehn Tage vor Urlaubsantritt habe ich eine Meniskusoperation über mich ergehen lassen müssen. Am ersten Tag auf Sipadan musste ich dann noch die Fäden ziehen. Und jetzt das! Hoffentlich hält das Knie...

In der Dunkelheit stolpern, wanken, torkeln wir weiter – Stunde um Stunde. Unsere ständige Frage »Wie lange noch?«

wird meist beschönigend beantwortet. Commander Robot antwortet asiatisch ehrlich: »Don't ask!«

Ich habe Renate aus den Augen verloren. Sie soll weiter vorn in der Marschkolonne sein. Ich kann es kaum glauben, schließlich muss sie getragen werden, und ich finde als geübter und ausdauernder Fußgänger das Marschtempo bemerkenswert hoch. Schließlich kann ich sie einholen. Sie wird von vier kleinwüchsigen Jugendlichen getragen, die barfuß ein höllisches Tempo vorlegen, sehr selten absetzen und die tragende Schulter beim Weitermarschieren wechseln. Unglaublich. Was befähigt sie zu dieser Leistung?

Um Mitternacht ist das Wasser alle. Auch die Kämpfer haben keines mehr. Die Zunge klebt am Gaumen. Nur durchhalten. Nicht schlappmachen. »Du hast doch viel weniger zu tragen als die vier mit Renate auf der Trage«, sage ich mir.

Es ist schon nach Mitternacht. Um 1.30 Uhr endlich eine Rast. Wir müssen auf eine andere Gruppe warten. Ich unterhalte mich eine Dreiviertelstunde mit Amubarak über den Islam. Es geht ihm darum, mich von der alleinigen Richtigkeit des Islam zu überzeugen. Seine Ausführungen drehen sich um die Dreieinigkeit des Christengottes. Jesus kann für ihn nur ein Prophet gewesen sein, nicht Gottes Sohn. Seine Argumentation läuft stets auf den Satz hinaus, dass ein falscher Glaube nutzlos sei. Er ist sicherlich ein im Innersten seines Herzens überzeugter »Soldat Gottes«, wie sich manche Kämpfer der Gruppe Abu Sayyaf gern nennen. Er sagt auch, »commitment«, die bedingungslose Hingabe für die richtige Sache, sei auf ihrer Seite das Allerwichtigste. Als Gegenbeispiel verweist er auf die Armee, die nur durch moderne Waffen aus den USA bestehen könne.

»Commitment« lässt die extremen Strapazen dieses Nachtmarsches aber auch an ihm nicht vorübergehen. Einigermaßen zerschlagen gesteht er, dies sei der längste und anstrengendste Marsch seit seiner Geburt. Und das sagt er als dreißigjähriger Guerillakämpfer.

Über eine Stunde marschieren wir noch weiter. Ein tropisches Gewitter prasselt auf uns nieder. Ich habe mich selten so über Regen gefreut. Das Gesicht nach oben, den Mund offen, die Zunge herausgestreckt, so laufe ich weiter.

Nach acht Stunden findet diese unmenschliche Tortur endlich ein Ende. Die Nacht ist fast vorüber, als wir um 3.30 Uhr im Freien ein primitives Lager aufschlagen. Renates Liege wird einfach abgestellt und eine kleine Plane darüber gespannt. Ich lege mich noch daneben, und für zwei Stunden dämmern wir etwas weg, während meine Füße immer noch im Regen liegen.

Uns weckt das Morgengebet der Rebellen. Der Regen hat aufgehört. Ich habe immer noch riesigen Durst. Wir gehen ein kurzes Stück zu einem Sammelplatz. Dort sind auch die malayischen Geiseln, aber nicht die anderen Europäer, also auch Marc nicht. Aus dem Tal höre ich das leise Plätschern eines kleinen Flusses. Auf mein Bitten hin darf ich mit einem Bodyguard hundert Meter hinunter ins Tal. Dort fließt reinstes Trinkwasser! Ich trinke anderthalb Liter ohne abzusetzen. Nie hat Flusswasser besser geschmeckt. Dann habe ich Zeit für eine ausgiebige Körperreinigung. Auch das ist eine Wohltat nach dem schweißtreibenden Nachtmarsch. Für Renate fülle ich die Wasserflaschen mit dem köstlichen Dschungelgetränk.

Nach einem kleinen Frühstück geht es den Berg hinauf, wo wir auf die anderen Geiseln stoßen. Sie hatten ihren Nachtmarsch eher beenden müssen, weil auch andere den extremen Strapazen nicht gewachsen waren und kollabierten. Dafür waren sie heute Morgen schon wieder einige Stunden marschiert. Jetzt liegen wir in einem Privathaus, verdösen apathisch den Tag, während es draußen schon wieder ergiebig regnet.

Renate leidet unter einem juckenden Hautausschlag am Rücken. Sie will sich dauernd kratzen. Ich versuche sie abzulenken und mit einer kühlenden Salbe zu helfen. Uns bleibt wohl auch nichts erspart, ist die Grundstimmung dieses Tages.

Inzwischen haben wir schon verbreitet Durchfall. Unsere Ansprüche an das Leben sind durch die Ereignisse der letzten sechsunddreißig Stunden derart reduziert, dass wir die wenigen Stunden bewusst genießen, in denen wir ungestört dösen oder schlafen können, ohne dass wir marschieren müssen, angegriffen werden oder im Dauerregen in den Busch müssen.

Nach dem Abendgebet der Kämpfer setzen wir im Schutz der Dunkelheit unsere Flucht vor der Armee quer über die Insel Jolo fort. Dieser vierte Nachtmarsch dauert aber nur eine Stunde. Dafür sind die Pfade extrem glitschig, denn es hat den ganzen Nachmittag geregnet. Als wir am Highway ankommen, der einzigen festen Straße der Insel, warten dort sieben große Geländewagen, die sonst als Buschtaxis den Fernverkehr auf der Insel bewältigen. Wir sitzen uns hinten auf zwei einfachen Bänken gegenüber, zu unseren Füßen Renate in ihrer Trage. Im Führerhaus sitzen neben dem Fahrer weitere drei Leute. Zusätzliche Kämpfer sichern mit ihren schussbereiten Waffen jeden Wagen. Sie hocken oben auf dem Führerhaus oder stehen auf den Trittbrettern.

Dann setzt sich der martialisch anmutende Konvoi in Bewegung. Der Highway stellt in seinen besten Abschnitten eine Landstraße mit vielen Schlaglöchern dar, besteht streckenweise lediglich aus dem Unterbau, das heißt, die Asphaltdecke fehlt ganz. Wieder andere Teilstrecken sind nur eine breite Schlammpiste. Renate leidet sehr unter den Schlägen ins Kreuz, wenn der überladene Wagen bei höherem Tempo durch große Schlaglöcher fährt. Einer ihrer Träger ist bemüht, für sie eine Sitzposition zu finden, in der sich diese qualvolle Tortur halbwegs aushalten lässt. Oft hält er tröstend ihren Kopf.

Ich sitze direkt hinter dem Fahrerhaus, in dem auch Commander Robot Platz genommen hat. Wir sind der erste Wagen des Konvois. In der einstündigen Fahrt legen wir fünfzehn Kilometer zurück. Auf den guten Streckenabschnitten brausen wir mit zirka sechzig Stundenkilometern dahin. Der Commander genießt das sichtlich. Einmal leuchtet er mir mit seiner Taschenlampe ins Gesicht, um zu sehen, wie ich das finde. Ich kann seine Begeisterung nicht so uneingeschränkt teilen, denn ich denke daran, was passieren könnte, wenn die Armee von dieser Aktion Wind bekommen hat. Er aber fühlt sich an der Spitze des dahinbrausenden, schwer bewaffneten Konvois wie ein leibhaftiger General. Er strahlt.

Wie wir später erfahren, haben wir mit den Märschen des Vortages und dem heutigen Transfer die Insel Jolo durchquert. Beweglichkeit ist ein wichtiges Merkmal eines Guerillakrieges, nur hat uns das die Armee in dieser Situation sicher nicht zugetraut, vor allem vor dem Hintergrund der gestrigen Fernsehbilder mit der leidenden Renate. Jetzt wird es wieder eine Weile dauern, bis sie unseren neuen Standort ausgemacht haben. Zur Ablenkung ist die Guerillatruppe geteilt worden. Mit uns sind nur gut hundert Kämpfer per Jeep transportiert worden. Die anderen sechshundert sind zu einem anderen Stützpunkt marschiert.

6

Nach einer Nacht in einem Privathaus in der Nähe des Highway und einem Zwischenstopp, wo wir uns ausgiebig im Freien duschen konnten, geht unser Marsch bergauf. Aus strategischen Gründen haben die Kommandeure ein Quartier an einem der Berge der Insel Jolo ausgesucht, nicht weit unterhalb des Gipfels gelegen. Von hier aus lässt sich die Umgebung bestens kontrollieren. Ein überraschendes Auftauchen des Militärs, wie wir es nun schon zweimal leidvoll erfahren haben, erscheint ausgeschlossen.

Wie sich bald herausstellt, ist das Schönste an unserem neuen Quartier der Weg dorthin. Außer Palmenhainen und Bananenplantagen gibt es hier am Berg noch Kaffeesträucher. In den steilen Partien sind die Berge von fünfzehn Meter hohem tropischen Bergwald bestanden. Flachere Partien mit Grasvegetation erinnern an die Almen unseres Urlaubsquartiers in der Steiermark. Man kann von hier aus das Meer sehen. Vorgelagerte kleine Inseln haben Sandstrände, die als heller Streifen auf Meeresniveau zu sehen sind. Welch ein touristisches Potenzial! In dieser abwechslungsreichen paradiesischen Landschaft ließe sich ein einträglicher, ökologisch orientierter Tourismus aufziehen. Die gesellschaftlichen und politischen Verhältnisse sprechen jedoch eindeutig dagegen.

Wegen seiner schönen Aussicht auf die Berge taufen wir unser neues Quartier »Mountain View Chalet«. Im größten der kleinen Häuser kommt unsere Elfergeiselgruppe recht gut unter.

46

Wir freuen uns zunächst über die klare Qualitätsverbesserung gegenüber dem »Open Air Camp«, dem selbstgebauten Primitivbiwak, stellen aber auch schnell den Schwachpunkt dieses Standorts fest: Wassermangel. Das überrascht nicht, denn schließlich sind wir auf einem Berg. In für uns erreichbarer und erlaubter Entfernung gibt es nur zwei Wasserstellen: einen Brunnen, in dem eine milchige Brühe steht, die man kaum zum Wäschewaschen nehmen möchte, und eine zweite Quelle, die besseres Wasser liefert, dafür aber sehr wenig. Es ist eine so genannte Kluftquelle. Aus den Klüften des Gesteins tropft an mehreren Stellen relativ sauberes Wasser. Über ein geschickt angelegtes Auffangsystem aus großen Blättern und halben Bambusrohren wird es gesammelt, so dass am Ende des Bambusrohrs ein dürres Rinnsal in einen gemauerten Bottich fließt. Wenn man hier die Ein-Liter-Flasche hinhält, ist sie in etwa fünf Minuten gefüllt.

Wenn wir vom Wasserholen kommen, deuten häufig Kämpfer auf unsere Flaschen und sagen »Germs« (Keime). Dass dieses englische Wort zu ihrem begrenzten Vokabular gehört, macht uns stutzig. Wir behandeln das Wasser mit Reinigungspillen, trotzdem haben wir bald alle Durchfall. Bis zu achtmal am Tag müssen wir in die nahe Bananenplantage, unsere Toilette. Wenn man ein Mindestmaß an Hygiene aufrechterhalten möchte, muss man sich dauernd entscheiden, ob Trinken oder Waschen wichtiger ist. Marc findet heraus, dass man bei den Bananenstauden ein Blatt vom Stamm abziehen kann. Dann kommt man an ein wasserhaltiges Gewebe heran, das man durch Auswringen zum Händewaschen nutzen kann. Die trockenen Bananenblätter wiederum kann man gut zum Abputzen nutzen. So versuchen wir mit allerlei Tricks, uns an die harten Lebensbedingungen anzupassen.

Besonders schwer ist das für Renate. Um sie vor der erwarteten Kälte der ersten Nacht auf dem Berg zu schützen, haben wir sie besonders sorgfältig in die Folie des Survivalbags eingewickelt. Sie erleidet einen Hitzestau. Ihr Kreislauf kollabiert, sie hat Atemnot und möchte schließlich einfach nur noch sterben. Sie erholt sich zwar wieder, kollabiert aber jedes Mal, wenn sie, gestützt auf Marc und mich, den dreißig Meter kurzen Weg von der Bananenplantage zum Haus hinaufgehen muss. Eine Viertelstunde liegt sie erschöpft auf der Seite, ehe wir sie wieder in ihre Hängematte legen können. Achtmal am Tag geht das so – ein erschöpfender Tagesablauf, besonders, wenn auch die Nacht nicht ausgespart bleibt.

Angesichts von Renates Leiden ist die Freude groß, als wir am 11. Mai im Radio mehrfach ihren vollen Namen hören. Unsere sprachkundigen Mitgeiseln sagen uns, dass ihre Freilassung beschlossene Sache sei und unmittelbar bevorstehe. Sie hat in diesen neunzehn Tagen seit unserer Geiselnahme auf Sipadan wirklich viel durchlitten. Im Vergleich zu allen anderen Geiseln ist ihr Gesundheitszustand mit Abstand der schlechteste. Ihr Kreislauf ist extrem schlecht, deshalb kollabiert sie so häufig. Die Rückenprobleme bereiten ihr große Schmerzen. Nur beim Liegen in der Hängematte ist es noch halbwegs erträglich. Und vor allem: Sie kann keinen Meter allein gehen. Sie ist ein Pflegefall. Und das in einer Umgebung, in der auch Gesunde große Probleme haben, sich den primitiven Lebensbedingungen anzupassen. Wie viel schwerer ist das erst für sie!

Am 13. Mai kommt die Meldung erneut. Wieder tut sich nichts. Wir warten täglich auf Renates Freilassung, auf die erlösende Nachricht. Nichts. Wie wir viel später erfahren, ist Renates Freilassung am Wechsel des Verhandlungsführers auf Seiten der philippinischen Regierung gescheitert, nachdem sie tatsächlich schon vorgesehen war.

Auch andere Gerüchte und Meldungen schwirren durch die Luft und bilden reichlich Stoff für Spekulationen, Hoffnungen und

Enttäuschungen. Das Gerücht, das Militär rücke schon wieder näher, löst Panik aus. Es stimmt dann doch nicht. Dafür hat aber eine unerwartet auftauchende Militärpatrouille das geplante Treffen von Mujib und Commander Robot mit Dr. Azzarouk, der als Vermittler in den geplanten Verhandlungen fungieren soll, torpediert und diese zum überstürzten Rückzug gezwungen. Ein Waffenstillstand zwischen dem Militär und den Rebellen soll vereinbart worden sein. So ist wenigstens einmal eine gute Nachricht dabei. Aber immer bleibt bei allen Neuigkeiten für uns das grundlegende Informationsproblem: Wem sollen wir glauben? Es ist nicht zu erwarten, dass unsere Entführer uns eine objektive Darstellung der vollen Wahrheit geben. Das Gleiche gilt für das staatlich gelenkte Mediensystem der Philippinen.

Das ändert sich, als am 14. Mai der nicht enden wollende Reigen der internationalen Pressebesuche in unseren verschiedenen Camps beginnt. Den Anfang macht die französische Presse. Zunächst sind die Bedingungen rigide. Sonia und Stephane werden von Walid zu einem Treff mit einem TV-Team in den Dschungel geführt. Das Interview muss auf Englisch geführt werden, damit Walid, der sehr gut Englisch spricht, alles verfolgen und überwachen kann. Schon am folgenden Tag ist alles viel entspannter. Ein Großaufgebot französischer Medienleute gibt sich die Ehre: RTL France und Le Figaro. Die französischen Medienvertreter berichten, dass fünfzehn internationale Presseleute in Jolo von der philippinischen Seite eingesperrt worden seien, um nicht zu uns vordringen zu können.

Dieses Team hat es irgendwie dann doch geschafft. Hier zeigt sich erneut, wie wichtig die Presseleute als kompetente Übermittler neutraler Informationen sind. Im Staatsradio hören wir nämlich gleichzeitig, dass es freien Zugang für die internationale Presse gebe, desgleichen für das Rote Kreuz usw. Es werde von Regierungsseite alles getan, um unsere Lage zu erleichtern. Wie gnadenlos verlogen!

Scheich Walid war religiöser Führer und Kämpfer. Auf Jolo ist das miteinander vereinbar.

Das Gegenteil ist der Fall. In der Stadt Jolo kann jede Person nur noch einen Sack Reis kaufen, um die Einkäufe der Rebellen zu unterbinden oder zumindest zu erschweren. So verschlechtert sich zusätzlich zur Wasserknappheit unsere Versorgungslage von Tag zu Tag. Jeden Tag gibt es nur Reis und Sardinen aus Dosen, manchmal auch nur eine Dose. Morgens gibt es nur getrübtes, warmes Wasser, das Tee oder Kaffee heißt.

Die Einkäufer der Guerilla haben Schwierigkeiten, sich durch den Belagerungsring der Armee zu schleichen. Das ist also die neue Strategie der Regierung: Aushungern! Das ist mit dem Waffenstillstand formal vereinbar. Umso zynischer klingen aber die Zeitungsberichte, die wir später lesen, in denen sich Regierungsvertreter sehr besorgt zeigen über die Versorgung der Geiseln mit Nahrung und Medikamenten. In welch elendes Land hat es uns hier verschlagen? Scheich Walids fortwährend wiederholter Spruch »You can see what government we have« wird immer glaubhafter.

Am Morgen des 16. Mai verlassen wir unser »Mountain View Chalet«. Die Wasserknappheit und die abgelegene Lage machen die Versorgung der Geiseln und der Kämpfer unmöglich. Außerdem ist wegen des Waffenstillstands die strategisch wichtige Lage des alten Quartiers nicht mehr nötig.

Nach einem nur einstündigen Marsch bergab erreichen wir unser nächstes Quartier, wegen seines Blicks auf die See sogleich »Sea View Lodge« getauft. Es ist ein typisches Gehöft für diese Insel. Der Eigentümer ist Zivilist, offensichtlich aber Sympathisant. Er und seine Familie ziehen für die Dauer unseres neuntägigen Aufenthalts in die Küche um. Wie alle Bauernhäuser der Insel ist auch unser neues Quartier fast ausschließlich aus Bambus gebaut. Der Fußboden und die Veranda liegen in etwa eineinhalb Meter Höhe, damit das Ungeziefer nicht so

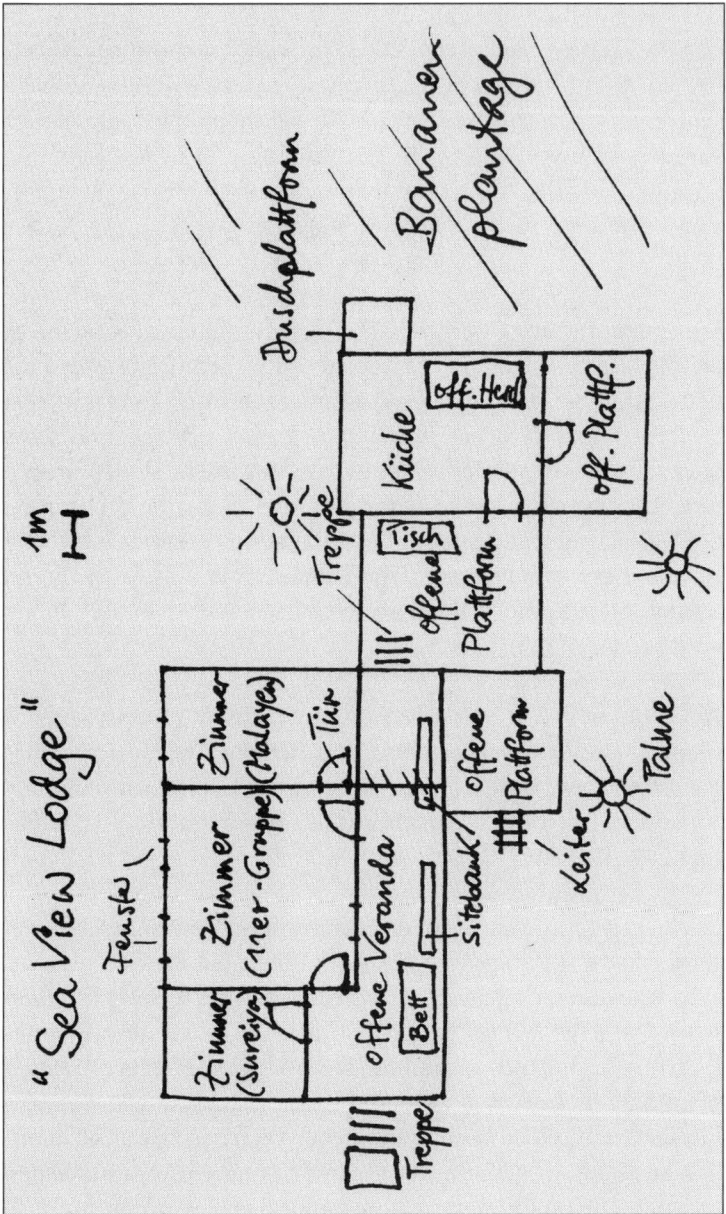

"Sea View Lodge"

1m

Fenster

Zimmer (Sureiya)

Zimmer (1rer-Gruppe)

Zimmer (Chalayan)

Tür

offene Veranda

Bett

Sitzbank!

offene Plattform

Leiter

Treppe

Palme

Treppe

Tisch

offener Plattform

Küche

off. Herd

off. Platt.

Trockplattform

Bananen plantage

Blick auf die Küche des Quartiers »Sea View Lodge«.

leicht Zugang hat. In der Küche wird über einem offenen Feuer gekocht. Auch hier sind wir wieder mitten im Leben einer Moro-Bauernfamilie.

Wir sind kaum halbwegs eingerichtet, da kommt zum dritten Mal die französische Presse, einige von ihnen bereits zum zweiten Mal. Es fällt auf, dass sie vorwiegend sehr traditionell arbeiten, mit Schreibblock und Stift. Das hat seinen Grund: Sie haben auf dem Weg zu uns große Teile ihrer normalen Journalistenausrüstung eingebüßt, ebenso ihre Armbanduhren und persönliche Wertsachen. Vermutlich sind sie von marodierenden Banditen oder Milizen ausgeraubt worden, wie es sie in großer Zahl auf dieser Insel gibt.

Ein großer Vorteil des Pressebesuchs ist, dass sie Post aus der Heimat mitbringen. Ein erster Brief von Dirk ist dabei. Er ist zu

Hause mit einem aufwändigen Krisenmanagement beschäftigt. Immer wieder lesen wir dieselben Briefe. Noch wichtiger ist, dass die »lost bandits«, die kriminellen Straßenräuber, die keiner Guerillagruppe angehören, das Satellitentelefon der Presseleute übersehen haben. Nach anfänglichen technischen Schwierigkeiten, eine stabile Satellitenverbindung herzustellen, dürfen wir reihum in die Heimat telefonieren. Dirk kann ich nicht erreichen, aber ich kann ein paar Sätze an die Sekretärin meiner Schule loswerden, und das um sieben Uhr deutscher Zeit. Dann bricht die Verbindung ab.

Zwei Tage später kommen, unabhängig voneinander, zwei Ärztinnen mit je einer Assistentin. Eine der beiden Ärztinnen macht einen professionellen Eindruck. Sie nimmt eine Blutprobe von Renate und fertigt ein EKG an. Die Einschätzung beider Ärztinnen: Renate muss sofort in einem Krankenhaus behandelt werden.

Das EKG ist noch in Arbeit, da erscheint die deutsche Presse, voran ein Fotograf, dessen Apparat schon blitzt, ehe er die Türschwelle überschritten hat. Die anderen Pressevertreter nehmen sich immerhin die Zeit, sich vorzustellen oder um unser Einverständnis zu bitten. Außer dem Fotografen und dem zugehörigen Journalisten kommen zwei TV-Teams deutscher Privatsender. Eine Stunde herrscht drangvolle Enge auf unseren achtzehn Quadratmetern Lebensraum. Jedes Mitglied unserer Familie wird simultan von einem der drei Teams interviewt. Die nichtdeutschen Geiseln haben schon Reißaus genommen. Heute stehen wir im Mittelpunkt des Interesses, so wie die Franzosen an den Tagen zuvor.

Wir hören zum ersten Mal, welch gewaltiges Presseecho unsere Entführung in Deutschland ausgelöst hat. Seit drei Wochen sollen wir die Schlagzeilen beherrschen. Unvorstellbar! Was gibt es da so viel zu berichten? Aber wir sind dankbar für den öffentlichen Druck, der so entsteht. Das kann nur gut für uns sein. Ein Fernsehvertreter sagt mir, dass sie aus diesem Material eine abendliche Sondersendung machen wollen. Jetzt müsse es eigentlich schnell vorüber sein, ist seine persönliche Einschätzung. So geballter Medieneinsatz erzwinge so viel politischen Druck, dass dies auch auf die Abläufe in den Philippinen beschleunigend wirken müsse. Ob hier nicht ein Medienvertreter seinen Einfluss in diesem chaotischen Land überschätzt?

7

Der erste Besuch deutscher Medienvertreter am 18. Mai bringt uns neben den willkommenen aktuellen Informationen über die Situation in der Heimat und der Möglichkeit, zum zweiten Mal ein Satellitentelefon zu benutzen, zwei Verbesserungen. Der Vertreter einer großen Tageszeitung lässt mir seine private kleine Fotokamera da. Jetzt kann ich den Alltag unseres Geisellebens auch fotografisch dokumentieren.

Die zweite Verbesserung: Der Mitarbeiter eines Fernsehsenders überlässt uns eine erkleckliche Summe philippinischen Bargelds. Damit können wir in dem nur hundert Meter entfernten kleinen Laden köstliche Dinge einkaufen und so unsere eintönige Verpflegung spürbar aufbessern. Kleine süße Brötchen und Instantkaffee für das Frühstück. Unseren täglichen Gang zum Laden zelebrieren wir als Höhepunkt des Tages. Auch wenn Renate das Gehen in gebeugter Haltung trotz meiner Unterstützung Schwierigkeiten bereitet, so genießt sie es sichtlich, einmal am Tag unser Haus verlassen zu können und in der milden Nachmittagssonne eine warme Cola zu trinken.

Der 19. Mai ist ein besonders ereignisreicher Tag, im negativen wie im positiven Sinn. Dass am Nachmittag erneut die Presse kommt, zur Abwechslung mal wieder die französische, ist ja schon fast zum Normalfall geworden. Und wir dürfen auch wieder telefonieren. Marc und ich sprechen zum ersten Mal mit Dirk, der zu Hause die Stellung hält. Er ist vom Medieninteresse überrollt worden.

Am Vormittag hatte Shihata, der siebenunddreißigjährige Onkel von Commander Mujib, etliche Fotos von uns Geiseln gemacht, wohl für Mujibs Privatalbum. Als er Stephane fotografieren wollte, beschwerte der sich über den Zoo-Effekt, weil wir entweder dauernd angestarrt oder fotografiert werden. Da rastete Shihata aus und schrie ihn an: »Do you want to die?« Konflikte mit unseren Entführern sind aber riskant. Deshalb spreche ich nach einer kurzen Abstimmung mit Risto die Kommandeure Mujib und Robot an und versichere ihnen, dass so etwas nicht mehr vorkommen wird. Sie zeigen sich zufrieden.

Um die Stimmung in der Geiselgruppe zu verbessern, regt Risto eine offene Aussprache an, die wir am späten Nachmittag führen. Es hatte verschiedentlich kleinere Unstimmigkeiten über die Verteilung knapper Ressourcen gegeben, sei es die Aufteilung von Versorgungsgütern für die Gruppe oder auch über die Qualität des Schlafplatzes. Wir verzichten im Gespräch darauf, alle kleinen Konflikte der Vergangenheit aufzuarbeiten, und erreichen Einvernehmen darüber, dass Konflikte innerhalb der Gruppe unsere Lage nur zusätzlich verschlimmern. Stephane und Sonia spendieren zum Abendbrot eine »Peace-Pizza«, die sie heute von der französischen Presse bekommen haben. Ein kulinarischer Hochgenuss für uns alle.

Um unsere Stimmungslage noch weiter anzuheben, beschließen wir spontan, heute einfach Seppos Geburtstag zu feiern. Commander Robot kommt hinzu und spendiert aus diesem fiktiven Anlass eine Kiste Cola. Für einen Abend gelingt es uns, die jüngsten Ereignisse zu verdrängen. Etliche Lieder werden angestimmt, darunter Gospels (He's got the whole world in his hands), Popsongs und melancholische russische Weisen durch Risto. Der Commander nimmt unseren Singkreis eifrig mit einem kleinen Kassettenrekorder auf. Dies ist ihm eine willkommene Dokumentation der Stimmung unter den Geiseln und damit der »guten Behandlung« durch die Entführer.

Wie zutreffend meine Vermutung ist, zeigt sich zwei Tage später, als Robot unser mitgeschnittenes Singen auf den Tonteil einer philippinischen TV-Kamera überspielt. Unter den aufgenommenen Songs ist auch die »Geiselhymne«, die nach der Melodie von »Yellow submarine« gesungen wird:

Sipadan – a holiday
Barrakuda Point – and other dives
Pretty fish – and corals, too.
Then it occurred – and life has changed:
(Refrain) Now we live in the jungle of Jolo...

Am folgenden Tag kommt Dr. Azzarouk, der libysche Exbotschafter in Manila, der bei den kommenden Verhandlungen als Vermittler zwischen den Entführern und der philippinischen Regierung fungieren soll. Er sagt, dass die Forderungen der Gruppe Abu Sayyaf noch nicht schriftlich fixiert worden seien und es deshalb auch noch keine Verhandlungen gebe. Und das fast einen Monat nach unserer Entführung! Wir sind enttäuscht.

Von der Lichtung beim kleinen Laden auf dem Hügel dürfen bzw. sollen wir mit Dr. Azzarouks Satellitentelefon zu Haus anrufen. Renate ist vor Rührung überwältigt, als sie zum ersten Mal mit Dirk telefonieren kann. Wir klingeln ihn um 5.45 Uhr deutscher Zeit aus dem Schlaf, trotzdem ist er gleich dran. Überglücklich spricht Renate etliche Minuten mit ihm.

Dann der offizielle Teil des Telefonats: Ich teile Dirk mit, er möge auf die Bundesregierung Einfluss nehmen, damit diese auf die ihr bekannten Forderungen der Entführer eingeht. In den offiziellen Verlautbarungen ist immer von einer »No-Ransom-Policy« die Rede, das heißt, es soll kein Lösegeld gezahlt werden. Es gibt aber eine zweite, verschwiegene Verhandlungs- und Forderungsebene, auf der es nur um Geld gehen soll, in der

Größenordnung von Millionen US-Dollar. Jetzt sollen offenbar die Familienangehörigen die jeweiligen Regierungen weich klopfen. Dirk schneidet meine Botschaft an die Bundesregierung mit, um sie später wörtlich weiterleiten zu können.

Auch in anderer Hinsicht ist Dr. Azzarouks Besuch für mich wichtig. Er ringt Commander Robot die Zustimmung ab, dass ich die kleine Fotokamera, die ich vorgestern erhalten habe, benutzen darf. Zwei Tage lang hatte ich sie versteckt. Walid und Suleyman wollten sich bei den Entscheidungsträgern um eine Fotoerlaubnis bemühen, aber nichts war geschehen. Auch eine philippinische Ärztin wollte mir ihre Kamera und einen zusätzlichen Film überlassen, aber Suleyman hatte beides gleich wieder konfisziert mit dem Hinweis, auf diesem Gebiet seien unsere Entführer sehr sensibel.

Auch Commander Robot zögert jetzt. Er hat Angst, dass ich negativ über die Entführergruppe berichte. Das möchte er verhindern. Ich entgegne spontan und unüberlegt: »Wie will er das beeinflussen? Wenn ich in Deutschland bin, schreibe ich, was ich für richtig halte.« Da zischt mir Dr. Azzarouk kaum hörbar zu: »Das sollten Sie so nicht sagen.« Dann entfaltet er sein ganzes diplomatisches Geschick. Mit seinem gewinnenden Lächeln wendet er sich an Robot: »Commander, Sie sollten bedenken, dass eine solche Veröffentlichung auch den Bekanntheitsgrad ihrer Gruppe erhöhen wird. Und ich bin sicher, dass Herr Wallert sachlich berichten wird.« Dann noch ein kleiner Ruck. Er legt seine Hand auf Robots Arm. »Jetzt sind sie unter meinem Kommando. Erlauben Sie die Kamera«, strahlt er ihn mit der ganzen Überzeugungskraft des erfahrenen Diplomaten an. Es wirkt. Commander Robot nickt. Auch auf Nachfrage bestätigt er, dass meine Fotografentätigkeit hiermit genehmigt ist.

Gleich am späten Nachmittag teste ich den Ernstfall. Von Mujib begleitet, gehen wir Wasser holen. Ich nehme die Kamera mit. Vor Ort frage ich Mujib um die Erlaubnis, ein Foto machen zu dürfen. »No problem«, lautet die knappe Antwort, von einem Lächeln begleitet. Mein Berichterstatterherz schwebt auf Wolke neun. Passend zu meiner Stimmung geht am Abend der Mond orangerot hinter der Palmenkulisse auf. Tropenidylle pur.

An den weniger ereignisreichen Tagen genießen wir die vielen Verbesserungen gegenüber dem »Mountain View Chalet«. Hier gibt es ausreichend sauberes Wasser. Nach zehn Minuten Fußmarsch erreicht man einen kleinen Bach, wo wir uns waschen und Trinkwasser holen können. Da Renate nicht so weit laufen kann, bringen wir ihr Wasser mit. Damit kann sie in der kleinen Waschecke des Hauses duschen (vgl. Skizze S. 52). Auch unsere Versorgungslage bessert sich erheblich. Der Hausbesitzer bringt uns Nahrungsmittel vom Markt in Jolo mit, wenn auch zu exorbitanten Preisen. Das Geld dafür haben wir von den Pressevertretern und von Dr. Azzarouk erhalten. Von Letzterem erhalten wir auch eine Hilfslieferung. Sie erzeugt bei den Kämpfern so viel ungezügelte Neugier, dass unter dem Andrang der Menschen die Veranda des Hauses zusammenbricht. Glücklicherweise geht es ohne Verletzte ab.

Die gute Versorgungslage nutzen wir, um das »Vier-Wochen-Jubiläum« unserer Geiselnahme mit einem regelrechten Dinner zu feiern: Pro Person gibt es ein Viertel gebratenen Thunfisch, Toastbrot, reichlich Gemüsesalat und einen Obstsalat als Dessert. Einfach köstlich, nach dem ewigen Reis und dem zwangsweisen Verzicht auf frische Nahrungsmittel.

Mit der kleinen Kamera können wir zum ersten Mal ein Foto von unserer gesamten Sipadan-Geiselgruppe machen. Wir stellen uns neben dem Haus vor dem zugehörigen Obstgarten auf. Robot möchte das Foto gern selbst machen, hält die Kamera aber so schief, dass ich um das Motiv fürchte. Ich bitte ihn daher mit auf das Foto, das ein anderer Kämpfer aufnimmt.

Commander Robot (stehend, 2. v. l.) und die von ihm geführte Rebellengruppe.

Der 22. Mai bringt wieder einmal das zermürbende Wechselbad der Gefühle, diese Mischung von glücklichen Momenten, großer Hoffnung, völliger Niedergeschlagenheit, Angst und Panik. Der Tag beginnt ganz nach Wunsch: Ich darf Commander Robot und seine Fightergruppe ablichten. Dann rücken Robot und Mujib zu Verhandlungen ab.

Panik ergreift uns um 9.30 Uhr: »Get ready.« Die Kämpfer bauen ihr Lager ab, wir packen wieder. Renate bricht unter dem Stress zusammen. Sie schluchzt: »Ich kann nicht mehr, ich will nicht mehr.«

Robot ist wieder da. Das Militär soll sich wieder bewegt haben. Einen Kilometer vor unserer Küste liegt ein Kriegsschiff. Das alles ist der Grund für das Packen. Wir sitzen neben unseren Reissäcken – in zweifacher Hinsicht fertig. Nichts tut sich.

Zwei Stunden später heißt es, es war ein Missverständnis. Der Waffenstillstand hält. Robot flüstert mir ins Ohr: »Three of you are released today. Confidential.« Dann rückt er mit Mujib wieder ab. Ich erzähle niemandem etwas, weil ich es selbst nicht glaube. Es zählen nur noch Fakten. Dann deutet der Hausherr gegenüber Renate an, dass es jetzt für sie beendet sei. Guten Mutes packt Renate ein paar persönliche Dinge zusammen. Es wird Abend. Robot und Mujib kommen zurück. Sie sagen nichts. Wir fragen nicht. Wir bleiben, wo wir sind. Nichts tut sich.

Die folgende Nacht wird für mich ziemlich schlimm. Ich friere, fühle, wie das Fieber kommt, und schlafe kaum. Ich höre, wie Mitgeiseln und einige Kämpfer in ihren Albträumen stöhnen. Am Morgen habe ich 39,3 Grad Fieber, Kopfschmerzen und geschwollene, druckempfindliche Drüsen am Hals. Renate macht einen Schwedenkräuterumschlag um den Kopf.

Interview mit zwei Teams von deutschen Fernsehanstalten.

62

Ich bin noch recht schwach, als am Nachmittag der *Spiegel*-Reporter Andreas Lorenz und zwei deutsche TV-Teams kommen. Wieder die fast schon gewohnten Interviews, aber auch das bringen wir hinter uns. Am Abend ist mein Fieber auf 37,8 runter. Dank Paracetamol von Marc. Schön, wenn unsere Selbstmedikation, zu der es keine Alternative gibt, so erfolgreich ist.

Am 25. Mai wird eine Lieferung des Gouverneurs der Provinz Sulu verteilt. Als wir sie mit der beiliegenden Liste vergleichen, stellen wir fest, dass nicht alles angekommen ist. Wir erinnern uns, dass auch frühere Lieferungen von Decken und Kampfrationen uns nur zu einem geringen Bruchteil erreichten und später auf dem Markt in Jolo auftauchten. Wir stellen Commander Robot zur Rede. Er gibt zu, dass er nicht alle Kämpfer unter Kontrolle hat. Trotzdem treiben ihn einige aus der Geiselgruppe weiter in die Enge. Sie werfen ihm vor, dass seine eigenen Leute uns bestehlen. Damit haben sie überzogen. Sie haben ihm nicht die Möglichkeit gelassen, sein Gesicht zu wahren. In Asien ein unverzeihlicher Fehler. Robot wirft mit ein paar Toilettenpapierrollen um sich und stürmt wütend aus dem Raum. In unserer Lage kann das gefährlich sein.

Am späten Vormittag kommt erst die philippinische Presse mit zwei TV-Kameras, danach die malaysische, die sich aber nur um ihre Landsleute kümmert. Am Nachmittag, nach einem ausgiebigen Mittagessen, müssen wir unser vergleichsweise gutes Quartier wieder verlassen. Wir werden in eine andere »municipality« (kleiner Landkreis) verlegt, dorthin, wo Mujib viel Land besitzt. Was wird uns dort erwarten? Ein Haus? Eine Matratze? Genug Wasser? Versorgungsmöglichkeiten?

8

Renate schaukelt wieder auf einer Trage durch die Tropeninsel
Jolo. Mohammad ist wie immer einer ihrer Träger und ihr fürsorglicher persönlicher Bodyguard. Wir sind wieder unterwegs
in die Ungewissheit. Zurück bleibt »Sea View Lodge«. Es war
das vierte Quartier unserer Geiselhaft, in dem wir mehrere Tage
verbrachten. Es hatte uns einige Annehmlichkeiten gegenüber
den früheren Camps geboten, die uns angesichts unseres extrem reduzierten Anspruchsniveaus wie Luxus vorkamen: eine
Matratze zum Schlafen und die Möglichkeit, warme Cola zu
kaufen. Wie immer, wenn wir auf der Flucht vor dem Militär
den Standort wechseln, lassen uns unsere Entführer im Unklaren darüber, wohin es geht und was uns dort erwartet. Wir
wissen lediglich, dass wir eine längere Strecke mit Fahrzeugen
zurücklegen werden.

Nach kurzem Fußmarsch geht es tatsächlich mit drei Jeeps
weiter. Auf den tief ausgespülten Dschungelpisten kommen wir
nur langsam voran. Teilweise geraten die Fahrzeuge in eine be-
drohliche Schräglage, schaukeln nur Zentimeter an Palmen-
stämmen vorbei, dem Highway entgegen. Dort erwarten uns
schon mehrere große Lkw voller Guerillakämpfer. Die Lkw
wurden den Rebellen vom Provinzgouverneur zur Verfügung
gestellt. Sein Name prangt in großen Lettern auf allen Seiten der Lastwagen. Philippinischer Personenkult. Vermutlich
sind die Fahrzeuge Teil einer Vereinbarung mit unseren Entführern.

Als ich den Film wechseln will, macht beim Zurückspulen die Batterie meiner kleinen Kamera schlapp. Nun habe ich mir schon von dem Fotografen aus Singapur zwei weitere Filme geschnorrt – und jetzt das!

Der Konvoi setzt sich in Bewegung und ist sofort in eine orangefarbene Staubwolke eingehüllt. Ich bringe schnell die Kamera in Sicherheit. Eine Plastiktüte muss es tun. Wir halten uns Tücher vor Mund und Nase. Trotzdem knirscht es zwischen den Zähnen. Die riesige Staubwolke stört die Leute am Straßenrand nicht. Endlich ist hier mal richtig was los. So ein großer Konvoi kommt nicht oft vorbei. Manche jubeln der Guerillatruppe zu: Moro-Country.

Viel schlimmer als der Staub sind für Renate wieder die Schlaglöcher, Querrillen und Schotterpisten, die ihr Schläge ins Kreuz versetzen. Sie stöhnt laut auf oder weint leise. Stephane und Marc schauen nach vorn und versuchen, vor den schlimmsten Löchern zu warnen. Ich hebe dann Renates Gesäß etwas an und versuche, den Schlag abzumildern.

Nach einigen Kilometern Fahrt plötzlich große Aufregung. Wir stoppen. Kämpfer springen ab, sichern mit ihren Waffen den Konvoi. Mujib gestikuliert. Robot bellt Kommandos. Dann stellt sich heraus, dass es eine befreundete Rebellengruppe ist, die hier einen Checkpoint eingerichtet hat. Weiter geht's. Bald darauf kommt ein Jeep mit uniformierter Provinzpolizei entgegen. Uns stockt der Atem. Aber sie winken fröhlich. Der Waffenstillstand tut seine Wirkung.

Die Nacht ist schon hereingebrochen, als wir einen kurzen Stopp einlegen. Aus den nahen Häusern kommen die Menschen herbei. Kaum haben sie den Jeep mit den »Melikans« ausgemacht, spüren wir die ersten Auswirkungen unseres Promi-Daseins. »Wo ist Sonia?«, lautet die erste Frage. Sonia hatte die letzten Interviews für die philippinischen TV-Teams bestritten. Mit ihrem langen, welligen Haar ist sie schon zum lokalen TV-Star aufgestiegen. Auch Marie wird sofort mit ihrem Namen angesprochen. Ein bildhübsches Mädchen himmelt meinen Sohn an: »Marc, I admire you.« Wie hatte doch Walid prophezeit: »You'll be celebrities, when you get out«. Das eine ist schon eingetroffen, das andere leider noch nicht. Es ist einundzwanzig Uhr, als wir bei zwei kleinen Häusern ankommen, wo wir die Nacht verbringen.

Am nächsten Morgen weist uns Mohammad auf die vielen Einschusslöcher im Haus und in den Palmen hin. Das Haus und die ganze Umgebung sind von Kugeln und Splittern regelrecht durchsiebt worden. Aus einem Bambusträger pult er mir einen Schrapnellsplitter heraus. Diese beiden Häuser sollen simultan zum ersten Angriff auf unser Quartier »Crown Plaza« attackiert worden sein, dem wir knapp entkamen. Diese Häuser liegen ganz in der Nähe des »Crown Plaza« und waren vom Militär auch als mögliches Geiselversteck angesehen worden. Beim Anblick der vielen Einschusslöcher und des scharfkantigen Schrapnellsplitters wird uns nochmals deutlich, welches Glück wir vor neunzehn Tagen hatten, als wir im Kugelhagel der philippinischen Armee lagen. Wir hätten genauso durchlöchert werden können wie dieses kleine Haus.

Abi ist einer der zehn Männer aus der malaysischen Geiselgruppe. Er arbeitet als Bootsmann auf Sipadan, ist aber Philippino, stammt sogar von der Insel Jolo und ist zudem frommer Moslem. Trotzdem muss er mit uns dieses Geiseldrama durchleben. Er spricht gut Englisch und versorgt uns an diesem Vormittag mit positiven Nachrichten aus dem Radio. Das philippinische Verhandlungsteam mit dem Präsidentenberater Robert Aventajado, der Vermittler Dr. Azzarouk aus Libyen und die Rebellenvertreter sind zu offiziellen Verhandlungen in Jolo zusammengetroffen. Endlich! Nach über einem Monat. Heute ist

66

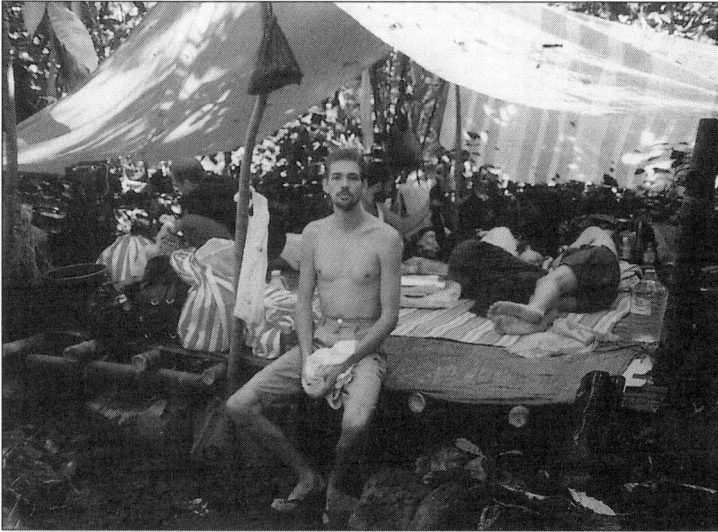

Das Quartier »Two Rivers Camp«. Der aufgeschnittene Überlebenssack muss als Dach dienen.

schließlich der 26. Mai. Die Stellvertreter der Außenminister der betroffenen Länder sind auch da. Der Pressetross ist auf hundert angewachsen. Die Verhandlungen sollen rasch abgeschlossen werden. Alles deutet auf unsere kurzfristige Freilassung hin. Wir jubeln innerlich. Ein Monat ist auch genug...

In der Mittagshitze brechen wir zum nächsten Camp auf. Wir laufen nur eine knappe halbe Stunde, müssen aber zwei Flüsse überqueren. Gleich jenseits der Flüsse ist unsere neue Bleibe noch im Bau. Es ist kein festes Haus, sondern eine Bambusplattform, über die wir Plastikplanen als Dach selber spannen müssen. Es gibt natürlich auch nicht den Luxus von Matratzen, Wänden oder eine Veranda wie in der »Sea View Lodge«. Wir machen lange Gesichter. Außerdem ist die Plattform so klein, dass niemals die Elfergruppe dort schlafen kann. Auf unsere Bitte hin wird eine zweite kleinere Plattform gebaut.

Und wo soll Renate mit ihren Rückenproblemen schlafen? Marc organisiert von Kämpfern, mit denen er hin und wieder Kontakt hatte, eine Hängematte. Sie wird an einem Ast des großen Baums zwischen den beiden Wohnplattformen aufgehängt und mit einer Folie notdürftig gegen Regen geschützt. Sie schläft von uns anderen isoliert. Wir müssen von unserer Hütte immer zwei Meter mit Sandalen durch den Matsch stapfen, wenn wir zu ihr wollen. Da wir die orangerote Folie jetzt als Dach verwenden müssen, ist Renate in der Hängematte nicht mehr so gut gegen die nächtliche Kälte geschützt und friert oft.

Wir haben uns gerade halbwegs eingerichtet, es dämmert schon, da kommt deutsche Presse: der Stern-Reporter Uli Rauß, begleitet vom amerikanischen Fotografen David. Er bringt uns wohlüberlegte Geschenke mit: Frankfurter Würstchen in der

Tag und Nacht liegt Renate isoliert von uns in ihrer Hängematte.

68

Dose als »Gruß aus der Heimat«, eine Ausgabe des Stern mit einem Bericht über unsere Entführung und eine Presseübersicht bis Mitte Mai. Jetzt erhalten wir zum ersten Mal einen konkreten Eindruck von dem gewaltigen Presseecho, das unsere Entführung in der Heimat ausgelöst hat. Vorher hatten wir nur davon gehört. Wir denken unwillkürlich wieder an Walids Spruch von den »celebrities«. »Lieber Promi als Geisel« denken wir.

Nach einem Interview und vielen Fotos spreche ich noch mein Pech mit der Kamerabatterie an. Mir wird spontan Hilfe zugesagt. Auch die dreitausend Pesos, die mir zugesteckt werden, sind eine hoch willkommene Unterstützung.

Einer der philippinischen Begleiter nimmt mich beiseite und stellt sich als Verwandter von Commander Robot vor. Er sagt, eine Freilassung von Renate sei rasch möglich, wenn zuvor »little money« direkt an Robot flösse. Ich solle eine entsprechende Nachricht an die deutsche Regierung dem Reporter mitgeben. Um eine konkretere Definition von »little money« gebeten, sagt er: zwei bis drei Millionen Pesos (100 000 bis 150 000 DM). Ich spreche eine entsprechende Botschaft an die Bundesregierung auf ein Diktiergerät. Hier will offensichtlich jemand sein privates Süppchen auf dem Geiselfeuer kochen. Aber habe ich eine Wahl?

Am Morgen unseres ersten Tages im »Two Rivers Camp« entdecken wir den Standortvorteil des neuen Quartiers: den »swimming pool«, einen aufgestauten Abschnitt des kleinen Flusses. Hier kann Renate im einen Meter tiefen Wasser die »Leiche« machen; sie treibt bewegungslos an der Wasseroberfläche. Täglich führen wir sie hierher, denn seit Wochen kann sie nur in gebeugter Haltung am Arm eines Begleiters gehen. Im Wasser kann sie entspannen und ihren Rücken strecken. Außerdem hat sie beim Treiben ihre Ohren knapp unter Wasser, so dass sie die

Die schönsten Minuten des Tages: Entspannung im aufgestauten Flüsschen.

Körperhygiene vor den Augen der Zuschauer und Bewacher.

gelegentlichen Schüsse nicht hört, die sie immer furchtbar erschrecken. Hier im Pool genießt Renate die schönsten Minuten ihres Geiseldaseins. Häufig sind Einheimische, Kinder und Frauen und auch Kämpfer zugegen, die sprachlos vor Staunen Renates Künste bewundern. Wenn sie es zum ersten Mal sehen, klatschen sie auch spontan Beifall und lachen. Ein jugendlicher Kämpfer bringt es auf die Formel: »Magic«.

Aber nicht nur zum Baden ist der Pool da, sondern natürlich auch für das Wäschewaschen und die normale Körperhygiene. Alles muss man unter den neugierigen Augen der Bewacher und anderer Zuschauer vollziehen. Das kostet einige Überwindung. Wir stehen dann im hüfttiefen Wasser, haben leicht trocknende Kleidungsstücke angezogen und greifen unter die Kleidung, um uns auch an intimen Körperstellen zu waschen. Eine Alternative gibt es nicht.

Trinkwasser müssen wir an einer anderen Stelle des Flusses holen. Dort gibt es eine Art Brunnen, wo auch die Einheimischen ihr Wasser holen.

Am Nachmittag kommt hoher Besuch in unsere Hütte, begleitet von zehn Fotografen und einem TV-Team. Die Verhandlungsführer, die gestern zum ersten Mal über unseren Fall gesprochen haben, geben sich die Ehre: außer Robot und Mujib sind es der Gouverneur der Provinz Sulu, der Präsidentenberater Aventajado und Dr. Azzarouk, der Vermittler. Neben Renate und mir sitzend, tauschen sie ihre Eindrücke des ersten Verhandlungstages aus und geben uns einen Einblick in den Verhandlungsstand. Aventajado gibt sich betont zuversichtlich. Quasi wörtlich: »We are on a good way. We are doing our best to get you out quickly... The positions of both sides are at striking distance. The gap can be bridged... They (die Verhandlungsseite der Rebellen) are flexible. We can make them understand what is not possible.«

Das Trinkwasser aus dem Brunnen muss immer behandelt werden.

Damit ist die zentrale Forderung der Rebellen nach völliger staatlicher Unabhängigkeit der Provinz Sulu gemeint, die politische Ausgliederung aus der Republik der Philippinen, die Schaffung eines islamischen Staates. Zwei weitere politische Forderungen sind neue Fischereirechte im Süden der Philippinen, um die einheimischen Fischer vor modern ausgerüsteter ausländischer Konkurrenz zu schützen, und die Einsetzung einer »Sabah Commission«, die eventuelle Menschenrechtsverletzungen gegenüber den philippinischen Gastarbeitern im malaysischen Landesteil Sabah (Nordborneo) aufarbeiten soll.

Dr. Azzarouk teilt grundsätzlich die Zuversicht auf ein baldiges Ende unseres Geiseldramas, flüstert mir aber einschränkend ins Ohr: »Very complicated political demands«, ehe sie sich in unserer Hütte von Renate verabschieden. Aventajado fragt nach Marc, der sich vor dem Trubel verkrümelt hat. Er entdeckt ihn in der großen Menschenmenge, ragt er doch deutlich aus seiner Umgebung heraus. Er steuert, Bodyguards und Fotografen im Gefolge, auf ihn zu und gibt ihm noch einmal ein knappes Briefing.

In einer unscheinbaren blauen Plastiktüte trifft am folgenden Sonntagmorgen ein wahrer Schatz per Boten ein: Uli Rauß schickt einen zweiten Fotoapparat, zwei frische Batterien für die erste Kamera, vier weitere Kleinbildfilme und einen Kugelschreiber. Traumhaft! Jetzt bin ich als Fotograf wieder voll einsatzfähig. Ich habe mich gerade mit der Funktionsweise der neuen Kamera vertraut gemacht, schon kommt ein bemerkenswertes Fotomotiv dahermarschiert: ein schwer bewaffneter Kindersoldat. Er zeigt keine Kamerascheu. Marc fotografiert die Szene, ein Dokument des Missbrauchs von Kindern in dieser Gesellschaft.

Die jüngsten Kämpfer, denen wir begegneten, waren etwa zwölf Jahre alt.

9

Heute Morgen, es ist Montag, der 29. Mai, gebe ich mein erstes Interview für das finnische Fernsehen – auf Deutsch. Es wird mit finnischen Untertiteln gesendet werden. Am Abend zuvor sind die finnischen Reporter eingetroffen. Nun haben endlich auch Risto und Seppo Medienbesuch aus der Heimat. Doch dieses Team stellt nur den Auftakt eines geradezu hektischen Besuchstags im »Two Rivers Camp« dar.

Kaum sind sie abgerückt, da kommen etwa zehn Frauen und Kinder – erkennbar besser gestellt. Und wieder heißt es: »Where is Sonia? Where is Marie?« Nur Sonia ist momentan greifbar. Sie spielt ihren Part schon fast professionell: geduldig in die Knipskamera lächeln, Smalltalk auf Englisch. Reihum setzt sich der Besuch neben Sonia. Klick. Neu gruppieren. Klick. Nochmal für Opa lächeln. Klick. Wie sich herausstellt, hat sich die Verwandtschaft von Scheich Walid aus Zamboanga und Manila auf den langen Weg gemacht, um die »Celebritäten« zu besuchen.

Die malaysische Presse, mit der Walids Verwandtschaft gekommen ist, lässt uns erfreulicherweise in Ruhe. Nur eine halbe Stunde später werden die nächsten Foto- und TV-Kameras herangeschleppt – von blonden Männern. Das zweite finnische Team des Tages. Unsere kleine Wohnplattform ist wieder ein Außenstudio. Auch sie wollen ihre Bilder. Geduldig schildern Risto und Seppo unsere derzeitige Situation und beantworten die gleichen Fragen wie wenige Stunden zuvor.

Das Interview läuft noch, da taucht im Hintergrund die nächste klobige Kamera auf den Schultern eines Weißen auf. Ein dazugehöriger blonder Reporter gestikuliert. »Ich möchte auch mal«, soll das wohl heißen. Medienrückstau im Dschungel. Bizarr!

Herr Kurz, der ZDF-Reporter, gibt uns zunächst einen Abriss der Verhandlungslage: Sie ist schwierig wegen politischer Forderungen, es kann noch mehrere Wochen dauern. Er sollte Recht behalten. Er ist in erster Linie an ein paar Worten von Renate interessiert. »Neunzig Prozent in Deutschland läuft über Ihre Frau«, sagt er mir. »Es gibt eine riesige Anteilnahme an ihrem Schicksal.« Renate möchte aber erst sein Satellitentelefon benutzen. Sie spricht länger mit Dirk. Die Kamera ist mit Ton immer dabei. Das anschließende Interview mit Renate wird von einem Schuss ganz in der Nähe abgebrochen. Renate erschrickt sich ganz furchtbar. Auch der Kameramann verreißt die Kamera. Wir kümmern uns um Renate, das TV-Team zieht ab. Der Rest des Tages gestaltet sich ruhig. Wir haben es bitter nötig.

Am späten Nachmittag erwacht der Fotografentrieb in mir. Ich habe ja jetzt genug Filmmaterial und zwei funktionierende Kameras, bis jetzt aber kaum Bilder vom Lageralltag der Guerilla. Also los! Mit provozierend an der Hand baumelnder Kamera gehe ich quer durch das Camp zum Fluss. Nicht der Fluss, der Weg ist das Ziel. Auf dem Hinweg mache ich nur zwei Aufnahmen. Auf dem Rückweg jedoch schallt es mir aus allen Ecken entgegen: »Give me one shot!« Sie sind regelrecht fotogeil. Nur zu gern komme ich den Aufforderungen nach. Auch wenn die Kämpfer nach meinem Geschmack zu sehr posieren, es kommt ein schöner Querschnitt durch das Lagerleben zustande. Unbemerkt kann ich mich nun mal nicht anschleichen. In einem Fall präsentieren sie auch stolz ihre tragbare Artillerie, eine Art Bazooka, mit der man Granaten verschießt. Das

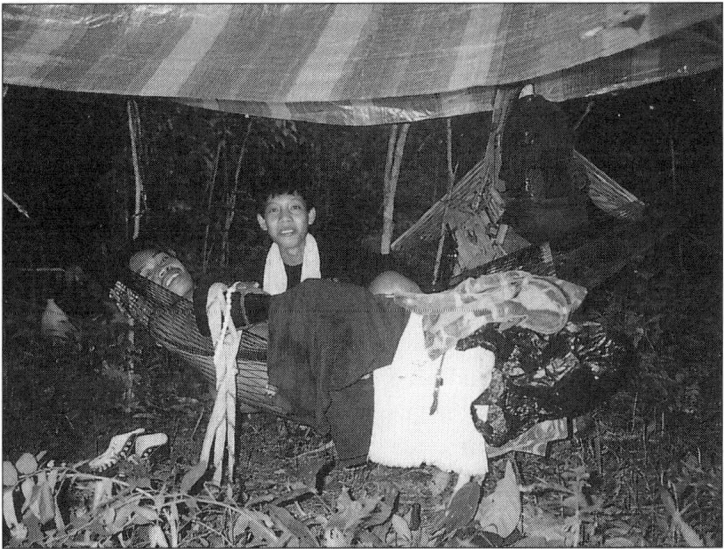

Szenen aus dem Rebellenlager am »Two Rivers Camp«. Hier hatten alle
Hütten ein Dach aus Plastikplanen.

Die tragbare Artillerie wurde extra für das Foto herbeigeschafft. Darauf war man stolz.

bestätigt, wie waffenverliebt diese Kämpfer sind. Waffen sind ihr Alltag.

Marc sitzt hin und wieder mit gleichaltrigen Kämpfern zusammen, die teilweise recht gut Englisch sprechen. Seine Standardfrage lautet: »Are you happy?« Das wird in der Regel spontan bejaht. Das Bewachen der Geiselgruppe bietet ihnen eine willkommene Abwechslung zu ihrem eintönigen Alltag zu Hause. Sie haben großenteils keine Arbeit oder verweigern einen Regierungsjob, weil das als Kumpanei mit dem Feind interpretiert wird. So hängen sie meist nur herum. Da kommt ihnen die Rekrutierung für die Guerilla gerade recht. Zudem gibt es einen Tagessold. Und dann der ganze Presserummel: Die Welt ist bei ihnen zu Besuch. Da wundert es nicht, dass sehr oft eine kindlich fröhliche Stimmung unter den Kämpfern herrscht – manchmal in scharfem Kontrast zu unserer Grundstimmung, obwohl auch wir versuchen, nicht in Dumpfheit und Apathie zu verfallen.

Aufmunterung bringt uns besonders unsere Lieblingslektüre: Post aus der Heimat. Heute kommt Post von meiner Schule. Ein Brief, von allen Kolleginnen und Kollegen unterzeichnet, macht Mut. Es tut gut, die vertrauten Unterschriften zu sehen. Es entsteht ein emotionales Band zur Welt da draußen, wo sich die Erde weiter dreht, das Leben seinen Gang geht, das für uns quasi stillzustehen scheint. Und dann noch ein Brief meiner Englischklasse. Dass mir diese Klasse, die bei manchen Kollegen als eher schwierig gilt, schreibt, dass sie für mich betet, das rührt mich zu Tränen.

Neben der psychischen Situation ist es für uns von absoluter Wichtigkeit, in dieser schwierigen Lage gesund zu bleiben. Der 31. Mai bringt einen schweren Rückschlag. Nach dem Abendbrot gehe ich mit Renate noch in den »Nationalpark«, wie wir unsere Open-Air-Toilette euphemistisch nennen. Auf dem

Rückweg wirkt Renate etwas wackelig. Ich setze sie in ihre Hängematte, und sie wäscht sich die Hände. Als ich mich umdrehe, um ihre Decke zu holen, erleidet sie einen Schwächeanfall und fällt lautlos aus der Hängematte. Sie liegt bewusstlos am Boden.

Großes Entsetzen! Ich rufe verzweifelt nach Marc. Alle Männer fassen an, um Renate auf unsere Plattform zu heben. Sie stöhnt, kann sich aber nicht verständlich machen. Marc nimmt sie auf seinen Schoß, winkelt ihre Beine an, so dass ihr Rücken krumm und damit gedehnt ist. Das tut ihr gut. Langsam kommt sie zu sich. Sie weiß nicht, was passiert ist. Nach einer ausgiebigen Rücken- und Herzmassage durch Marc können wir sie in ihre Hängematte zur Nachtruhe betten. Sie schläft wider Erwarten relativ gut.

Ein provisorischer Verkaufsstand mit seinem sehr begrenzten Angebot.

Wir können auch in diesem Camp beobachten, dass selbst hier, am Ende der Welt, Grundprinzipien der Marktwirtschaft funktionieren. Durch die vielen Besuche von internationalen Pressevertretern, die sich teilweise recht großzügig zeigen, sind wir mit philippinischem Bargeld in der Größenordnung von mehreren hundert Mark ausgestattet worden. Das ist für hiesige Verhältnisse eine Menge Kaufkraft. So dauert es nicht lange, bis uns Jungen als fliegende Händler besuchen. Sie bringen Wassereis, das sie in einer Kühlbox herantransportieren, sowie Brötchen und Gebäck zum Frühstück. Pünktlich zur Frühstückszeit gegen halb sieben sind sie da. Auch drei Verkaufsstände entstehen entlang des Pfades hinunter zum Pool. Gebäck, Kaffee, Süßigkeiten und Cola in Dosen und Flaschen gibt es zu kaufen. Auch bei der Preisgestaltung wirken die Marktgesetze. Kostete die Dose Cola beim ersten aufgebauten Stand noch zwanzig Pesos (eine Mark), so geht der Preis mit dem Auftauchen weiterer Stände auf zwölf Pesos zurück.

Am 1. Juni kommt per persönlichem Boten wieder eine Lieferung mit Ausrüstung von Uli Rauß. Nur drei Tage, nachdem ich einen entsprechenden Wunsch geäußert habe, bekomme ich ein Diktiergerät, auch dieses Mal umsichtig mit einer zweiten Tonkassette und Ersatzbatterien ausgestattet, außerdem noch zwei Filme. Ich fühle mich jetzt wie ein richtiger Reporter – zumindest von der Ausstattung her. Einen Tag später kommt er frühmorgens selbst ins Camp. Wir machen ein weiteres Interview und loten die Möglichkeiten einer Zusammenarbeit mit dem *Stern* aus.

Er ist kaum wieder gegangen, da kommen ein philippinisches TV-Team und ein österreichischer Journalist. Dem Philippino spreche ich meinen x-ten Appell bezüglich einer Freilassung Renates aus humanitären Gründen in die Kamera. Am Nachmittag ist dieser Appell zweimal in voller Länge im Radio zu hören. Dem österreichischen Journalisten sprechen wir Grüße an unsere Freunde in unserem Urlaubsquartier in der Steiermark aufs Band. Wie wir später aus Briefen erfahren, waren sie den Tränen nahe, als sie Renates vor Rührung erstickende Stimme im österreichischen Rundfunk hörten.

Herr Wendl fragt, ob schon einmal jemand angeboten habe, sich für Renate austauschen zu lassen. Wir verneinen. Er will Robot ein solches Angebot unterbreiten. Ich finde das sehr ehrenwert, räume dieser Idee aber keine realistische Chance ein. Schließlich stellt eine kranke Lady in den Händen der Entführer ein ganz anderes Druckpotenzial dar als ein gesunder Mann. Und so erbarmungslos rational denken die Abu-Sayyaf-Führer, davon bin ich fest überzeugt. Herr Wendl überlässt uns ebenfalls Bargeld und Filmmaterial, beides natürlich sehr willkommen.

Wie wir erfahren, wollten ursprünglich zehn weitere Journalisten, darunter sieben deutsche, mit dieser Gruppe in unser Lager kommen. Sie wurden aber festgehalten. Zwei Tage später lesen wir in der Zeitung, dass sie sich geweigert hatten, den inzwischen üblichen Wegezoll von vierhundert Dollar pro Team an die Rebellen zu zahlen. In deren Augen ist das die angemessene Entlohnung für die bewaffneten Securityleute, ohne die man sich in der Tat auf dieser gesetzlosen Insel nicht bewegen kann. Damit hatten die Journalisten aber den Bogen überspannt.

Während des Marsches drehten die Fighter von Commander Robot die Waffen einfach um, setzten die zehn Journalisten fest und verlangten eine Million Dollar Lösegeld, was dann auf eine Million Pesos heruntergehandelt werden konnte, immer noch fünfundzwanzigtausend Dollar. Bis zum gleichen Abend musste gezahlt werden, was auch geschah. Die Reporter begründeten später laut Zeitungsberichten ihre Weigerung mit ihrem Journalistenethos, dass für Interviews nichts gezahlt werde. Nur hatten sie wohl vergessen, dass man mit ethischen Kategorien aus dem fernen Europa in der waffenstarrenden Realität dieses Kulturkreises wenig ausrichten kann. Hier gilt das Gesetz des Stärkeren. Und die Waffen haben die anderen.

Schrittweise versuchen wir Geiseln, uns unserem eigenen Kulturkreis wieder anzunähern, so etwa bei der Verpflegung. Wir haben alle sehr an Gewicht verloren, leider meist nicht dort, wo wir es uns wünschen, sondern wir leiden sichtbar unter Muskelschwund. Mit unseren schlaff wirkenden Ärmchen und Beinchen erinnern wir schon fast an die Bilder von heimkehrenden Kriegsgefangenen aus den frühen Fünfzigerjahren, obwohl deren Schicksal ein unvergleichlich härteres war. Die Bewegungsarmut und die einseitige und unzureichende Ernährung sind für unser ziemlich erbärmliches Aussehen verantwortlich.

Einen Topf voll Rindfleisch gab es nur einmal während der gesamten Geiselhaft.

Nur einmal in den mehr als fünf Wochen kann ich Suraya, unsere stets mit uns ziehende Köchin, neben einem vollen Fleischtopf ablichten. Sie bittet mich quasi darum, ganz im Sinne einer geschickten PR-Arbeit für die Geiselnehmer. Sonst gibt es Reis und Fisch, Fisch und Reis, hin und wieder etwas Gemüse. Aufbessern können wir unsere Verpflegung mit den deutschen und französischen Kampfpackungen, die die Botschaften an uns geliefert haben. Allerdings erreicht uns nur ein kleiner Bruchteil. Wie wir im Nachhinein erfahren haben, sind etwa tausend Packungen von deutscher Seite geliefert worden. Erreicht hat uns allenfalls ein Sechstel.

Über eine einheimische Besucherin, die sehr gut Englisch spricht, können wir eine unabhängige Versorgungsschiene aufbauen. Zwei- bis dreimal in der Woche bringt sie uns jetzt Nahrungsmittel vom Markt und aus den Geschäften in der Stadt Jolo. So gibt es zum Frühstück wieder richtigen Kaffee, Käsebrot oder Marmelade und einmal am Tag ein selbst gezaubertes warmes Essen. Eine Gemüseschmorpfanne oder Spaghetti sind besonders beliebte Gerichte, abends dazu oft ein Tomaten-Gurken-Salat. Risto wird als Koch für die Geiselgruppe unentbehrlich. Er traut sich sogar Rezepte zu, die er noch nie zubereitet hat.

Am selben Tag, während auch noch eine philippinische Journalistin kommt, die uns schon einmal im »Crown Plaza« besucht hatte, wird auf der kleinen Lichtung vor unserer Hütte ein großes Holzhaus gebaut. Es ist für uns gedacht. Die Journalistin fragt uns, was wir denn davon hielten. Unsere Gefühle sind da gespalten. Einerseits begrüßen wir natürlich die schon während des Baus erkennbare qualitative Verbesserung, die uns der Provinzgouverneur da zugedacht hat, andererseits deutet das auch auf einen längeren Aufenthalt hin.

Der Gouverneur lässt für die Geiseln ein regensicheres Haus errichten.

Und dann kommt die Frage, die unser Blut gefrieren lässt: »Es gibt Gerüchte, dass die Geiselnahme noch drei bis sechs Monate dauern könnte. Was sind ihre Gefühle?« Blöde Frage. Unsere Stimmungslage stürzt schlagartig in den tiefroten Bereich. Sollte da was dran sein?

10

»Sie machen aus meiner Frau einen Krüppel«, fahre ich Commander Robot an. Er war mit der philippinischen Journalistin gekommen. Ungerührt antwortet er, Renates Freiheit hänge von der Freilassung der sechzigjährigen Mutter des Abu-Sayyaf-Führers Janjalani ab, die zusammen mit anderen Familienangehörigen von philippinischen Sicherheitskräften gekidnappt worden sei. Wie Zeitungsberichte bestätigen, hat sich die philippinische Regierung tatsächlich auf das kriminelle Niveau unserer Entführer herabgelassen. Was für ein Land!

Zwei Tage lang haben Marc und ich Renate auf der Trage zum Pool hinuntergeschafft. Ein eingeklemmter Nerv, vermutlich eine Folge des Sturzes aus der Hängematte, hat sie vorübergehend fast bewegungsunfähig gemacht. Auf der anderen Seite ist das Schweben im Wasser die beste Therapie für sie. Aber wie soll das weitergehen? Ich spreche der Journalistin einen verzweifelten Appell in die Kamera, von dessen Wirksamkeit ich selbst nicht überzeugt bin angesichts der fruchtlosen früheren Initiativen in dieser Sache. Appelle an die Menschlichkeit wirken in einer unmenschlichen Umgebung nicht. Ähnlich denke ich über den schriftlichen Appell, den ich an den Provinzgouverneur als Verhandlungsteilnehmer richte. Mein Schreiben gipfelt in dem Satz: »Release my wife NOW!«

Am 3. Juni wird das Haus nach nur zweitägiger Bauzeit fertig gestellt. Acht Geiseln aus der Elfergruppe ziehen spontan um. Callie und Monique wollen aber lieber in ihrer kleinen Hütte bleiben, Marie möchte die große Hütte als Aufenthaltsraum für uns reservieren. Hier aber sollen Kämpfer einziehen, die neu angekommen sind. Suraya tobt, Aida übersetzt, Abi appelliert. In dieser spannungsgeladenen Situation feuert schließlich ein Kämpfer drohend in die Luft, demonstriert, wer hier die Waffen hat. Renate erschrickt sich furchtbar, zittert, weint. Als sie sich nach einer halben Stunde beruhigt hat, entspannt sich die Lage. Marie zieht mit in das neue Haus ein.

Wir haben jetzt viel Platz im »Two Rivers Palace«, wie das neue Quartier deswegen heißt. Die Malayen sowie Callie und Monique bleiben freiwillig in ihren Hütten. Der »Palace« ist regendicht, ein nicht hoch genug einzuschätzender Vorteil in der Regenzeit. Nur an die Spanplatten als Boden müssen wir uns gewöhnen. Sie sind nachts sehr hart beim Schlafen. Der Bambusboden der Hütte hatte sich den Körperformen etwas angepasst.

Ein anderes kleines Problem ist, dass unser »Nationalpark«, wie wir das kleine, dicht bewachsene Areal nennen, in dem wir unsere Notdurft verrichten, immer kleiner wird, weil neue Kämpfergruppen ihre Hütten an seinem Rand errichten. An den wenigen halbwegs sichtgeschützten Stellen des Nationalparks liegen die »human landmines« inzwischen sehr dicht. Vorsichtig treten!

Marc hat für Renate einen Stuhl gebaut. Darauf kann sie nach dem Baden im Fluss etwas in der Sonne sitzen und ihr Haar trocknen lassen. Außerdem ist das eine Abwechslung in der Körperhaltung gegenüber dem ewigen Liegen in der Hängematte.

Nach Einbruch der Dunkelheit finden ab dem 6. Juni allabendliche Versammlungen vor unseren Zimmern im Palace statt. Es geht anscheinend um die religiös-ideologische Schulung der Gruppenführer, die alle mit ihren Waffen erscheinen.

Eine Rast nach dem Waschen im Fluss auf dem selbst gebauten Stuhl.

Als »mass prayer« war uns die erste Versammlung avisiert worden. »Islam«, »Koran«, »Mujaheddin« und »Dschihad« (Heiliger Krieg) sind zentrale, wiederkehrende Stichworte, die auf uns einschüchternd wirken. Auch die erregte Stimmlage des Vortragenden erzeugt ein ausgeprägtes Unwohlsein in der Magengegend. Fünfundvierzig Minuten dauert die Ansprache. Marie fühlt sich an Hetzreden während des libanesischen Bürgerkriegs erinnert. Als an den folgenden Abenden Scheich Walid der Vortragende ist, sind wir etwas ruhiger. Er kommt nach der Versammlung, um mit uns zu sprechen. Zu ihm habe ich ein vergleichsweise gutes Verhältnis. Wegen seiner unbegründet positiven Neuigkeiten über mögliche Entlassungstermine gilt er bei uns inzwischen als Märchenonkel.

Auch jetzt gibt es wieder solche Termingerüchte. Im Radio kündigt der philippinische Präsident unsere Freilassung für

87

den Zeitraum zwischen dem 12. (Nationalfeiertag) und dem 14. Juni an. Sind wir eigentlich seine Geiseln? Auch die finnische Konsulin gibt sich in Briefen an ihre Landsleute optimistisch. Als Robot zwei Tage später von einer Woche spricht, bin auch ich optimistisch und glaube ihm. Marc wiegelt wie immer ab, bleibt skeptisch. Seine Strategie: von Tag zu Tag leben. Jeder gesund überlebte Tag bringt uns der Freilassung näher, egal, wann sie kommt. Nur auf keine Daten fixieren. Wieder dieses bewusste Wehren gegen zu viel Hoffnung, gleichzeitig gegen Apathie. Nur die Zuversicht nicht aufgeben, auch wenn es zwischendurch wieder eher nach weiteren drei Monaten klingt. Eine grauenvolle Vorstellung. Wir spüren, wie unsere Leidensfähigkeit abnimmt, spüren, wie wir langsam mürbe werden. Was bleibt? Fatalismus, geduldiges Abwarten...

Am Samstag, 10. Juni, werden wir wieder verlegt. Ich war sicher gewesen, dass der »Two Rivers Palace« unser letztes Quartier sein würde. Wozu sonst das feste Haus? Marc hat Recht behalten: 1. Wir wissen gar nichts. 2. Alles ist möglich. Die Malayen bleiben am alten Standort. Unsere Elfergruppe wird per Lkw nur einen Kilometer weiter transportiert. Aus strategischen Gründen wird die Geiselgruppe geteilt. Die Weißen, von den Lösegelderwartungen her die wertvollere Gruppe, werden in einem neuen Lager versteckt. Die Gruppe hatte der Regierung zugetraut, den Nationalfeiertag am 12. Juni für einen Befreiungsschlag zu nutzen. Wie sich später herausstellte, war ihr Verdacht gerechtfertigt.

Das neue Quartier, wir nennen es »Mid Jungle Camp«, ist wieder kein festes Haus, sondern eine Bambusplattform. Das Dach aus Plastikplanen fertigen wieder unsere Ingenieure Stephane und Risto.

Aus Gründen der Geheimhaltung soll kein Außenstehender hereingelassen werden, keine Presse, kein Arzt. Uns graust bei diesem Gedanken. Ist jetzt unsere private Versorgungsschiene unterbrochen? Was passiert, wenn jemand erkrankt? Wer soll uns jetzt verlässliche Informationen bringen, wenn nicht die internationale Presse? Sosehr uns die dicht gedrängten Pressetermine phasenweise auch genervt hatten – es waren immerhin zwanzig Kamerateams, vierundzwanzig Fotografen und etliche weitere Reporter innerhalb eines guten Monats –, so wichtig waren sie uns als Draht nach außen und in die Heimat. Und sie haben uns viele nützliche Dinge überlassen, darunter Bargeld. Was soll nun werden?

Schon während der ersten Nacht im »Mid Jungle Camp« sucht uns ein mehrstündiges tropisches Gewitter heim. Die Regenzeit ist da, und wir müssen wieder in einer provisorischen Hütte mit Plastikplanen als Dach hausen. Täglich prasselt der Regen auf uns hernieder. Meist kommt er mittags oder am frühen Nach-

Bei den häufigen Regenfällen tropft es auf unseren Schlafplatz.

Mit einer Fünf-Liter-Gallone gossen wir uns das Flusswasser über den Körper.

Beim Trinkwasserholen hatten wir bewaffnete Begleiter.

mittag, während der Morgen häufig sonnig ist. Wenn das Gewitter nachts kommt, ist es besonders unangenehm, weil ich meine Schlafstelle räumen muss. Dort tropft es. Ich kauere dann auf dem Kissen. Dort bleibt es trocken. Mohammad, unser persönlicher Bodyguard, wird in der ersten Nacht in seiner kleinen Hütte auch nass. Kaum geht es richtig los, da rettet er als erstes, ganz der gute Soldat, seine Waffe und den Patronengurt. Beides wird in unserer Großhütte verstaut. Vertrauen ehrt. Auch zwei Kämpfer suchen bei uns Unterschlupf.

Nach jedem der ergiebigen Regenfälle bildet sich vor unserer Hütte eine große Pfütze, und die Trampelpfade sind tief verschlammt. Der Weg zum Fluss ist auf den letzten hundert Metern dann selbst ein Fluss. An dem kleinen Fluss waschen wir die Wäsche, huldigen im Wasser stehend der Hygiene und holen unser Trinkwasser, das dort aus einem Bambusrohr fließt. Seit Wochen laufen wir in achtmal geflickten Sandalen und Gummilatschen durch den ewigen Matsch oder auch gleich barfuß. Dann müssen wir drei Liter des vom Fluss geholten Wassers wieder für die Reinigung der Füße einsetzen.

Gleiches gilt nach jeder Wanderung in den »Nationalpark«. Durchfall, wie er uns seit Tagen erneut plagt, ist auch aus diesem Grund besonders unangenehm. Kaum haben wir den Durchfall im Griff, da kündigt sich mit krampfartigen Bauchschmerzen neues Malheur an. Wir haben verbreitet Würmer. Kein Wunder bei den gegebenen hygienischen Verhältnissen. Wir wenden ein altes Hausmittel an und essen exzessiv Knoblauch. Es hilft, zusammen mit den Wurmtabletten, die wir durch unsere Botschaft bekommen.

Am 12. Juni, dem »Independence Day« der Philippinen, ist morgens im Radio zackige Marschmusik zu hören. Es folgt eine Präsidentenansprache. Wir hätten gern, wie vom Präsidenten angekündigt, unsere eigene »Independence« gefeiert, aber daraus wird nichts. Dafür erleben wir am Nachmittag eine andere positive Überraschung. Nurhaida, unsere zuverlässige Verbindung nach außen, die uns schon im »Two Rivers Camp« mit Einkäufen versorgt hat, erscheint gänzlich unerwartet auch hier. Sie hat Commander Robot um Erlaubnis gebeten, uns versorgen zu dürfen, und diese erhalten.

Damit sind wir eine große Sorge los. Zweimal in der Woche kauft sie für uns jetzt wieder in Jolo ein. Über Commander Robot bringt sie außerdem auch eine weitere Tonkassette, so dass auch wieder ein Kommunikationskanal etabliert ist.

Die Tage sind durch das Ausbleiben der vielen Presseteams deutlich ereignisärmer geworden. Während der trockenen Stunden liegen wir in den Hängematten. Wir haben inzwischen alle eine eigene, von Mohammad und Helfern in einwöchiger Handarbeit hergestellt. Die Regenstunden verbringen wir in der Hütte: schreibend, lesend, dösend, schlafend.

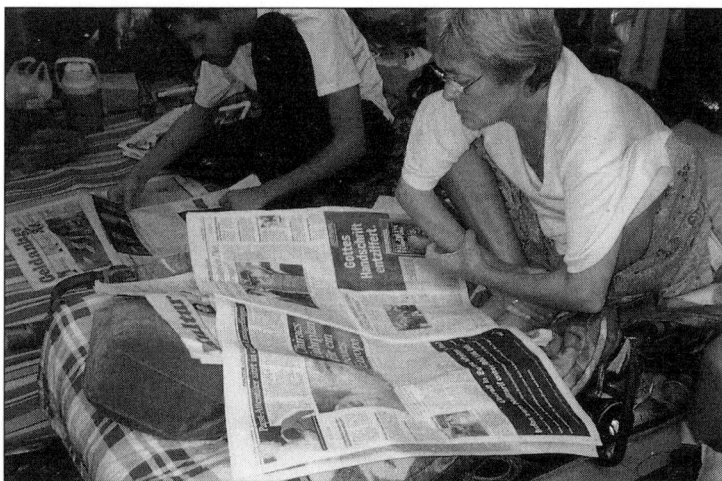

Sehr selten gab es deutsche Zeitungen, häufiger englischsprachige Tageszeitungen aus Manila.

Post aus der Heimat war die mit Abstand beliebteste Lektüre.

Die schönsten Stunden genießen wir, wenn ein Bote Faxe, Briefe oder E-Mails aus der Heimat bringt. Das zelebrieren wir regelrecht. Wir legen uns in die Hängematten und lesen die Post aus Deutschland. Diese Verbindung nach Haus ist für die Moral ungeheuer wichtig. Auch wir schreiben Briefe an Familienangehörige, Freunde, Kollegen. Noch schöner ist, von ihnen Post zu empfangen. Fünf bis sechs Tage dauert ein Fax, bis es uns im Camp erreicht hat. Es geht über diverse Zwischenstationen, die Botschaft in Manila und den Provinzgouverneur. Schließlich landet es irgendwie bei uns. Aber der Weg hierher ist ziemlich löchrig. Vieles verschwindet, besonders wenn auch andere es gebrauchen können. Geld ist regelmäßig weg.

Am 15. Juni kommen Mujib und Robot mit ihren persönlichen Bodyguards ins Camp. Sie bringen unter anderem eine kleine Luftmatratze für Renate mit, die aber nur eine Nacht hält. Dann ist sie schlapp. Glücklicherweise haben wir für Renate eine alte Campingliege organisieren können, auf der sie halbwegs schlafen kann. Commander Robot hat eine interessante Neuigkeit: Eine deutsche Firma soll der Abu-Sayyaf-Gruppe eine Million Mark für unsere Freilassung angeboten haben. Er weiß aber nicht, wie die Firma heißt. Schade! Außerdem fragt er uns ganz unschuldig: »Why?«

Dann hören wir lange gar nichts. Niemand kommt mehr. Keine Nachrichten im Radio, Belangloses in den Zeitungen, die Nurhaida mitbringt, kein Gerücht, von dem sie zu berichten weiß. Da kommt am 26. Juni Mujib uns besuchen. Er bringt vier Liter kalte (!) Cola und Knabbergebäck. Was sollen wir feiern? Uns allen steht die Frage ins Gesicht geschrieben: »Gibt es Neuigkeiten?« Und dahinter steht immer die Frage: »Wann?« Risto spricht die Frage aus und gibt Auswahlantworten vor: »Eine Woche? Zwei Wochen? Drei Wochen?...« »Keine Ahnung«, lau-

Mujib (3. v.l.) und Robot (4. v.l.) mit ihren schwer bewaffneten Leibwächtern.

Die Wäsche musste notdürftig in dem kleinen Flüsschen gewaschen werden.

tet die Antwort. Sein Dolmetscher fügt noch eine eigene Version der Antwort hinzu: »Maybe next month.«

Dieses »maybe« haben wir hier hassen gelernt. Wir hören es dauernd in den Antworten, wenn wir zum Beispiel fragen: »Wann gehen die Verhandlungen weiter?« »Maybe tomorrow.« »Maybe this week.« »Maybe next week.« Hier stoßen zwei Kulturkreise aufeinander: Die Fragen der Geiseln aus dem organisierten, planenden, von Terminen bestimmten Europa stoßen ins Leere, treffen vielleicht auch auf Unverständnis. Die Antworten sind asiatisch offen, kommen aus einem Kulturkreis, in dem Zeit keine zentrale Rolle spielt. Für uns aber verrinnt sinnlos ein Teil unseres Lebens. Uns macht die Zeit mürbe. Deshalb lautet für uns die alles beherrschende Frage: »WIE LANGE NOCH?«

Erfreulicherweise hat sich Ende Juni Renates Gesundheit so weit gebessert, dass sie wieder ohne Marc und mich in den »Nationalpark« gehen kann. Auch die vierhundert Meter zum Fluss kann sie jetzt zurücklegen. Und sie genießt die neue Selbstständigkeit. Vorher hatten wir ihr das Wasser vom Fluss mitgebracht, und sie konnte in ihrer kleinen provisorischen Duschecke neben der Hütte duschen. Jetzt kann sie selbst wieder Wäsche waschen und Wasser holen. Renate ist überzeugt, dass das Einreiben mit Massageöl, von Dirk auf den Weg gebracht, sie wieder halbwegs gesund gemacht hat.

11

Die Karawane der schwer Bewaffneten scheint kein Ende zu nehmen. Sie bauen sich vor unserer Hütte auf. Alle tragen modernste automatische Waffen, das Beste aus dem Guerilla-Arsenal. Es sind meistens unbekannte Gesichter. Nur Mujib, Robot und wenige ihrer Begleiter sind uns bekannt.

Es ist der 28. Juni. Vor uns stehen Abu-Sayyaf-Fighter von der Insel Basilan, die dort in schwere Kämpfe mit der Armee verwickelt waren. Mit schwersten Waffen war dort vom Militär der Versuch unternommen worden, die entführte philippinische Schulklasse und ihre Lehrer herauszuhauen. Das Ergebnis dieses Wahnsinns: fünfzehn Geiseln befreit, fünf Geiseln tot, acht weitere immer noch in Geiselhaft.

Jetzt stehen sie vor uns und betrachten ihr weißes Geiselkontingent, weniger feindselig, eher kühl distanziert. Der Anführer, er wird mir von Robot respektvoll als Abu Sabaya vorgestellt, ergreift das Wort. Es bestehe die Gefahr, dass wir vom philippinischen Militär geopfert würden (»sacrificed«), sagt er. Wir sollten deshalb dringende Appelle an unsere Regierungen richten. Wir sind schockiert und verzweifelt. Sind wir nach mehr als zwei Monaten wieder ganz am Anfang? Direkt in der Schusslinie? In unmittelbarer Todesgefahr?

Abu Sabaya, in den Zeitungen stets als Sprecher der Gruppe Abu Sayyaf zitiert, berichtet über die Verhandlungen. Zwei Wochen sei nichts gelaufen. Zunächst habe die Regierung die

Verhandlungen unterbrochen. Die Zeitungen schrieben von einer »Cooling-off-Phase«, weil die Rebellen unrealistische Forderungen stellten. Nun habe, so Abu Sabaya, die Gruppe die Gespräche ausgesetzt, weil keine Fortschritte in den Verhandlungen zu sehen waren, nur »talk, talk, talk«. Keine der Forderungen sei bisher umgesetzt. Die staatliche Unabhängigkeit sei weiterhin ein Ziel, für das gekämpft werden müsse. Hieran sei unsere Freilassung aber nicht gebunden.

Uns alle reißt das in ein neues Stimmungstief. Es ist schrecklich, wenn man den Familienangehörigen in die Augen schauen muss, um zu ergründen, wie gut sie das verdauen, wie gut sie noch drauf sind, wie gut sie ihre Verzweiflung im Griff haben, wie lange sie noch durchhalten können. Renate sieht ihren Albtraum bestätigt, in dem wir schließlich alle umkommen. Sie spricht es nicht aus. Weint nur still. Was bleibt uns? Hoffen, beten, Reste von Zuversicht bewahren, unendliche Geduld aufbringen.

Uns ist klar: Hier sind die Hardliner am Drücker. Abu Sabaya spricht sehr gut Englisch, lässt keinen Zweifel an seiner Entschlossenheit, ist glasklar und eiskalt. Mujib und Robot sind jetzt anscheinend nicht mehr in einer bestimmenden Position. Das macht dieser Auftritt deutlich.

In einer Guerillatruppe gibt es kaum äußerliche Rangabzeichen. Zu den wenigen zählen die Offizierspistole, die Qualität der Waffen, der Schuhe und Ähnliches. Und doch gibt es klare Hinweise auf Hierarchien, zum Beispiel die Tatsachen, wer das Wort ergreift und wer sich zu den Geiseln setzt, als Videoaufnahmen gemacht werden, um zu dokumentieren, dass wir noch alle am Leben sind und in wessen Händen wir uns befinden. Der Furcht einflößende Tross ist wieder abgezogen, als wir der Aufforderung nachkommen, an unsere Regierungen zu appellieren.

Wie so oft, sind unsere Gefühle auch an diesem sechsundsechzigsten Tag unserer Geiselhaft auf dem Kurs einer Loopingbahn: am Vormittag auf dem Tiefstpunkt, am Nachmittag schon wieder höher. Ein Bote bringt ein Paket für unsere Familie. Von der deutschen Botschaft kommen zwei Paar Gummistiefel, ein Paar Sandalen, zwei langärmelige Hemden für die kühlen Nächte und vor allem Geschriebenes: ein Brief von meinem Leistungskurs Geographie, der sein Abitur ohne mich ablegen musste, und hundertfünfzig E-Mails. Ein lieber Mensch aus Dortmund hat eine Website eingerichtet, auf der man Mails an uns schicken kann, und jetzt kommt die erste Lieferung von Ausdrucken.

Ich hätte nicht geglaubt, wie viel Kraft Mails von Fremden in einer so verzweifelten Lage geben können. Nun machen wir diese wunderbare Erfahrung. Menschen zünden Kerzen in der Kirche für uns an, andere haben wieder gelernt zu beten, viel Aufmunterung und immer wieder Appelle durchzuhalten und nur nicht aufzugeben. Am meisten rührt uns diese E-Mail aus Berlin an:

»Ich bin eine 32jährige Mutter einer 6jährigen Tochter. Ich bin erschüttert und entsetzt über einen derartigen Zustand, in dem Sie sich befinden. Meine Tochter erfährt über die Medien natürlich auch von der Entführung und fragte mich, warum Menschen so etwa tun und warum Gott das zulässt. Die Antwort ist nicht einfach. Meine Tochter betet (ganz niedlich und ohne Zwang) oft zu Gott. Für sie ist das ein stützender Gedanke. Ich bin kein Kirchgänger und kenne mich auch in der Bibel nicht besonders gut aus. Trotzdem ist meine Kleine felsenfest davon überzeugt, dass es der ›liebe Gott‹ schon irgendwie wieder hinbekommt, Ihnen allen die Freiheit und die Gesundheit zurückzugeben. Sie werden es kaum glauben, aber meine Tochter fragt jeden Tag nach, ob Sie alle wieder zu Hause sind und es Ihnen gut geht. Leider muss ich sie täglich enttäuschen und bin darüber auch sehr traurig. Sie ist halt ein Kind, das sich sehr viel

mit – für ihr Alter – recht ungewöhnlichen Gedanken beschäftigt. Ich aber bin über so viel kindlichen Optimismus sehr froh und glaube, dass Ihnen meine kleine Alltags-Geschichte vielleicht ein wenig Kraft gibt, diese schwere Zeit zu überstehen. Meine Tochter wird mich auch morgen wahrscheinlich wieder fragen, ob Sie schon zu Hause sind. Ich hoffe für Sie, ich muss sie nicht mehr lange enttäuschen. Wir verbleiben mit stärkenden Grüßen an Sie alle – Eine kleine Familie aus Berlin«

Diesen Zuspruch, diese Zuneigung haben wir genau zu diesem Zeitpunkt bitter nötig gehabt. Ist das ein Zufall? Wir fühlen uns jetzt von diesen vielen lieben Menschen in die Pflicht genommen, diese schlimme Zeit durchzustehen und uns nicht hängen zu lassen. Euch allen sei an dieser Stelle Dank gesagt. Ihr wart eine Quelle wunderbarer Kraft. Wir haben eure E-Mails mehrfach gelesen.

Den Tagesablauf strukturieren die immer gleichen Haushaltspflichten, die reihum erledigt werden: Kaffeewasser zum Frühstück kochen, Wasser holen vom Fluss, Mittagessen kochen, Teewasser machen.

Am 7. Juli lernen wir ein neues Gesicht kennen, ein hübsches dazu, mit weichen Gesichtszügen und vollen Lippen. Zur bemerkenswerten Ausstrahlung passt nicht, dass Leah ihre Augen hinter einer großen Sonnenbrille mit einem goldfarbenen Gestell versteckt. Sie ist mit Commander Robot gekommen, um sich für Renate einzusetzen. Ohne Umschweife macht sie sich daran, Renate eine gekonnte Fußreflexzonenmassage zu geben. Auch als Renate sich erneut wegen naher Schüsse erschrickt, drückt sie zielsicher bestimmte Punkte der Zehen und erreicht eine rasche Beruhigung.

Wir kommen ins Gespräch. Leah ist Christin aus dem Norden der Philippinen. Sie arbeitet an einer Filmdokumentation über

Leah versuchte Renate freizubekommen und verabreichte ihr eine Fußreflexzonenmassage.

den Unabhängigkeitskampf der Moros, ist aber über das Stadium eines Exposés, das sie mir zeigt, bis jetzt noch nicht hinausgekommen. Nach diesem Projekt will sie ihr ganzes Leben den Muslimen der Südphilippinen widmen. Sie will sich nach eigenem Bekunden im Süden niederlassen und die Moros von ihrer gewalttätigen, auf Waffen fixierten Lebensweise abbringen. Sie will das Leben einer Nonne führen, ganz in ihrer Mission aufgehen. Bildung und wirtschaftlicher Aufbau sollen Frieden in die Region bringen. Sie ist eine lupenreine Idealistin.

Weiß sie nicht, dass führende Mitglieder von Abu Sayyaf diese wirtschaftliche Entwicklung nicht wollen? Zivilisatorischer Fortschritt ist nach deren Auffassung zu sehr dem materialistischen Denken verhaftet, es verweichlicht die Menschen, bringt sie dem westlichen Lebensstil gefährlich nahe. Nein, arm müssen die Menschen sein, nur das ergibt ein revolutionäres

Potenzial, aus dem sich der bewaffnete Extremismus speist. Deshalb werden sogar Weltbankprojekte sabotiert und Brücken gesprengt.

Als Commander Robot zurückkommt, um Leah abzuholen, redet sie leise, aber sehr bestimmt auf ihn ein. Für einen Augenblick spiegelt ihr Gesicht so etwas wie Zuneigung wider. »Wie stehen die beiden zueinander?«, frage ich mich. »Weißt du überhaupt, auf welcher Seite sie steht?«, hatte mich schon Marc (auf Deutsch) gefragt, als ich mich im Gespräch sehr deutlich zur gewaltbereiten Grundtendenz in dieser Gesellschaft geäußert hatte. Wie wir wenige Tage später erfahren, hatte sie von Commander Robot das Versprechen erhalten, Renate besuchen und herausholen zu dürfen. Nun beschwört sie Commander Robot, sein Versprechen einzulösen. Aida bestätigt mir das später. Natürlich kann Robot Renate nicht einfach so gehen lassen. Er lässt Leah einfach reden. Aber sie insistiert. Da reagiert Commander Robot asiatisch: Er fängt an, in einem zufällig vor ihm liegenden französischen Frauenmagazin zu blättern, ignoriert sie einfach.

Fünf Tage später erfahren wir durch eine Radiomeldung und andere Quellen, dass sich Leah ein Glied des linken Ringfingers abgehackt und mit ihrem Blut einen Brief an die Commander geschrieben hat, in dem sie Renates Freilassung einklagt. Renate ist schockiert. Wir haben Mühe, ihr Schuldgefühle auszureden. Wir können diese verzweifelte Aktion nicht gutheißen. Leah schätzt wahrscheinlich diesen Menschenschlag nicht richtig ein. Wer in dieser Gesellschaft sozialisiert wurde, wer gelernt hat, Gewaltanwendung als selbstverständliches Mittel zur Verfolgung eigener Ziele zu sehen, wer – wie in unserem Fall – mit der Zusendung abgeschnittener Köpfe droht, um bei der Gegenseite Verhandlungsdruck zu erzeugen und dies – in einem anderen Fall – auch tut, der lässt sich auch von einem abgehackten Fingerglied nicht beeindrucken.

Es bleibt zu wünschen, dass Leah vor dem Hintergrund ihrer Erfahrungen ihr Lebensprojekt überdenkt. Nach meiner Einschätzung, so hatte ich es auch in unserem Gespräch dargestellt, ist eine Umerziehung dieser Menschen eine Aufgabe, die kaum innerhalb einer Generation zu bewältigen ist – wenn überhaupt.

In der Nacht vom 7. zum 8. Juli wache ich von einem stechenden Schmerz in der Herzgegend auf. »Herzinfarkt?«, schießt es mir durch den Kopf. Ich sitze eine Stunde und massiere meine Herzgegend mit Öl, das ich aus dem Rucksack gefischt habe. Ich kann nur noch ganz flach atmen. Die Gedanken überschlagen sich: »Wird es gleich noch schlimmer?« »War's das?« »Warum ausgerechnet zu Marcs Geburtstag?« »Leiden wir nicht schon genug?« »Kein Leben nach der Geiselhaft, auf das ich mich schon so freue?« Es wird nicht schlimmer, aber ich kann nur noch auf der rechten Seite liegen, nicht auf der Herzseite, nicht auf dem Rücken.

Marcs 27. Geburtstag, der 8. Juli, beginnt folglich mit einer bösen Überraschung, einem kranken Vater. Renates ausgiebige Herzmassage hilft mir sehr. Marc wünscht sich in einem Brief an Commander Mujib zum Geburtstag einen Arzt für mich. Von Sonia bekommt er ein ideenreich besticktes T-Shirt geschenkt.

Um die Mittagszeit erlebt Marc eine zweistündige Geburtstagsfeier, wie sie kein Regisseur eines absurden Theaterstücks hätte bizarrer in Szene setzen können. Die Darsteller erscheinen alle gleichzeitig, teils von uns als Geburtstagsüberraschung geplant, größtenteils ungeplant. Unsere Einkäuferin Nurhaida kommt mit großem Tross. Sie schleppen die bestellten Köstlichkeiten heran: gegrillte Hähnchen, fast noch warm, als Mittagessen, Pizza als Abendbrot, dazu als Beigabe der Guerillakommandeure eiskalte Cola und Sprite, und als Ge-

Marc mit seinem Geburtstagsgeschenk, einem mit allen Geiselnamen bestickten T-Shirt.

schenk des Gouverneurs eine Geburtstagstorte für »Marc« zum »25.«. Es treten weiterhin vor unserer Hütte auf: die herausgeputzten Guerillakommandeure mit ihrer schwer bewaffneten Entourage und, als besondere Dreingabe, die in den Philippinen bekannte Sekte der »Jesus Miracle Crusaders« mit ihrem Oberhaupt, dem TV-Prediger Wilde Almeda.

Wir hatten schon durch die Zeitung von ihrer Aktion erfahren, die Freilassung der Sipadan-Geiseln durch Beten und Fasten zu erreichen. Dreißig Tage fasten sie schon für uns. Ihr aufopferungsvoller Einsatz beeindruckt uns, trotzdem hatten wir uns gegen ihren Besuch ausgesprochen, denn wir versprachen uns nichts Gutes davon, wenn eine christliche Sekte auf Moslemextremisten stößt. Nun sind sie doch da. Sie riskieren für uns ihr Leben, sagen sie. Das finden wir auch, aber wir wollten es eigentlich nicht. Nur die gute Hälfte von unserer Elfergruppe sehen sich als Christen. Ehe der kurze Bittgottesdienst beginnt, müssen wir uns anständig anziehen, lange Hosen für die Männer, Röcke für die Frauen. Nur haben sie keine. Dann geht es auch so.

Laut ruft der Sektenchef Gott an, den er zu unserer Überraschung auch »Allah« nennt. »God is love. Hallelujah«, deklamiert er laut. Bibelauszüge werden gelesen, eine fromme Weise erklingt. Noch im Juli werden wir frei sein, verspricht uns ein Prediger nach Rückversicherung bei Robot. Uns soll das Recht sein. »Halleluja«, schallt es durch den Dschungel. »Allah-luja«, höhnt Commander Robot. Die zahlreichen Muslime geben sich amüsiert, die Sektenmitglieder zeigen sich wenig irritiert, wir schon eher.

Ein androgynes Wesen, ein mädchenhaft herausgeputzter Junge, Nurhaidas jüngster Bruder, belästigt Marc, das Geburtstagskind, mit obszönen Angeboten. Sex, Sturmgewehre und Sektengebete, ein mieser Mix.

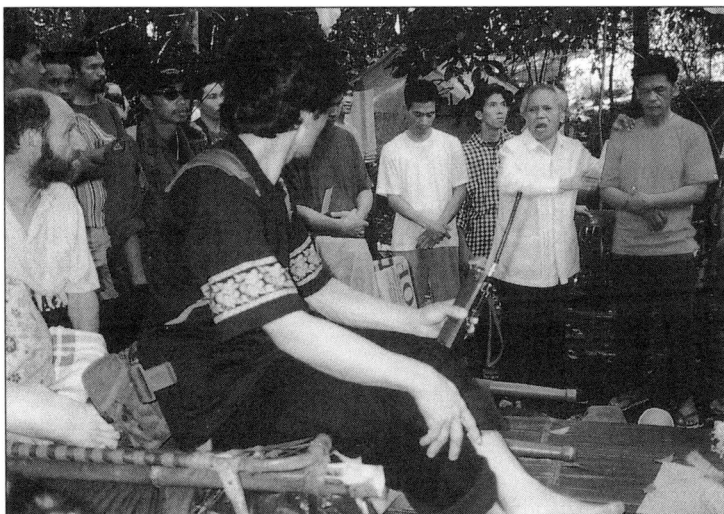

Die »Jesus Miracle Crusaders« fasteten und beteten für unsere Freilassung.

Renate bekommt wenig mit, zittert in einem Schockzustand, weil nahe Schüsse den Auftritt der Akteure ankündigten. Jetzt soll ihr ein Halleluja abgerungen werden. Sie zittert noch mehr, ist verängstigt. Der Versuch wird abgebrochen. Das wird sich durch Beten alles bessern, sichert man uns zu. Der Sektenchef zeigt noch, indem er seine Hosenbeine hochzieht, wie mitgenommen seine Knie durch das viele Beten sind. Sie sehen in der Tat deformiert und mittelbraun aus. Das erregt auch die Bewunderung der Muslime. Dann lassen sich die Kommandeure noch mit dem Sektenchef ablichten, auch wir knipsen. Wollen sie dokumentieren, wie liberal sie sind? Dann treten Christensekte und bewaffnete Muslime gemeinsam ab. Zurück bleibt der Versorgungstrupp.

Wir wenden uns den irdischen Dingen zu. Hähnchen und Cola sind ein wirkliches Festmahl. Es folgen Erinnerungsfotos rund um die landesüblich kitschige und zuckersüße Geburtstagtorte.

Nurhaida brachte Marcs Geburtstagstorte als Geschenk des Gouverneurs.

Alle wollen neben dem Geburtstagskind abgelichtet werden.
Dann tritt auch unser Versorgungstrupp ab. Wir atmen auf.

Am späten Nachmittag sind meine Herzschmerzen wieder da.
Risto macht sich Sorgen, es könne ein leichter Infarkt gewesen
sein, und sagt einem unserer Bewacher, dass ein Arzt kommen
müsse. Renate massiert mich wieder ausgiebig, und ich ver-
bringe eine schmerzfreie Nacht.

Tatsächlich werden Renate und ich am nächsten Tag zum
Highway gefahren. Die Fahrt löst bei Renate wieder Rücken-
schmerzen und Angstzustände aus. Sie zittert und weint. So
sehen uns die beiden Ärztinnen, die wir in einer Grundschule
am Highway treffen. Renate bekommt ein Beruhigungsmittel.
Unsere Lungen werden abgehorcht, der Blutdruck gemessen
und eine EKG angefertigt. Alles ohne Befund, so die beru-

higende Auskunft. Auch von einem Herzinfarkt ist nichts zu sehen. Dass wir viel Gewicht verloren haben und klapprig aussehen, stellen sie auch fest. Als wir die Schule verlassen, fällt mein Blick auf ein Schülergraffiti neben dem ABC an der Wand: »Abu Sayyaf are best fighters«. Das passt ins Bild.

11. Juli. Marcs Geburtstag hatten wir wirklich nicht in Gefangenschaft »feiern« wollen. Aber nun war es doch so. Der Blick in die nähere Zukunft lässt uns wieder einmal spüren, woraus die größte psychische Belastung erwächst: aus der quälenden Ungewissheit. Wir wissen nichts über unsere Zukunft, über das Schicksal, das uns erwartet. Ich versuche, diesen Gefühlen eine poetische Form zu geben:

Ungewissheit

Südphilippinisches Geiseldrama,
Geiseldrama,
Drama.
Ungewisser Ausgang...
Lebend? Gesund? Wann?

Ungeduldiges Hoffen,
Geduldiges Hoffen,
Hoffen.
Fernnahes Ende...
Lebend? Gesund? Wann?

Attacken bringen Fragen.
Anopheles bringen Fragen.
Antworten bringen Fragen.
Bohrende Fragen.

Seelefressende Ungewissheit,
Fressende Ungewissheit,

Ungewissheit.
Alpha bis Omega,
Alles ist offen:
Lebend? Gesund? Wann?

16. Juli – zwölf Wochen Geiselhaft! Seit Wochen die gleiche Situation: Wir hören widersprüchliche Meldungen über Verhandlungen, für uns ändert sich nichts. Immerhin haben wir in *Asiaweek* gelesen, dass die europäischen Regierungen wütend (»infuriated«) sind über die Hinhaltetaktik des Chefunterhändlers Aventajado von der philippinischen Regierung. Wenigstens nicht mehr der Schulterschluss mit der Manila-Gang, der uns anfangs zur Weißglut brachte.

Das Spiel auf Zeit zerrt an unseren Nerven, unsere Leidensfähigkeit nimmt ab. Ich spüre das Bedürfnis, meine Stimmungslage in einer Wunschliste zusammenzufassen. Viele würden vielleicht Wünsche erwarten wie »Ganz groß ausgehen« oder »Superreise machen«, aber es sind viele kleine, alltägliche Wünsche, die auf meiner Liste zusammenkommen:

Nach zwölf Wochen Geiselhaft möchte ich...
• mal allein sein können,
• nicht jeden Tag die gleichen Gesichter sehen,
• einen Tag ohne Waffenlärm erleben,
• nicht dauernd angegafft werden,
• mich ohne Zuschauer waschen können,
• meine Zukunft planen können,
• nicht völlig von Chaoten abhängig sein,
• tun können, was ich will,
• nicht immer von Bewaffneten umgeben sein,
• nicht mehr das ständige Rotzen und Spucken hören,
• mehr als fünfzig Meter geradeaus gehen, ohne die Frage zu hören: »Where are you going?«

- nicht immer das Gleiche essen,
- Kultur erleben,
- ohne Angst um mein Leben sein,
- vorerst keine Palmen mehr sehen,
- die Menschen in meiner Umwelt verstehen können,
- einen Schlafplatz, auf den kein Regen tropft,
- Gewissheit über unser Schicksal,
- nicht mehr Spielball gewissenloser Unterhändler und Politiker sein,
- meine Frau nicht mehr leiden sehen müssen, ohne etwas tun zu können,
- nicht mehr so machtlos sein,
- wieder unbekümmert und fröhlich sein,
- nachts nicht von Taschenlampen angeleuchtet werden,
- wieder Entscheidungen treffen,
- arbeiten dürfen,
- mein Leben sinnvoll gestalten,
- nicht immer die gleichen Fragen in mir fühlen,
- nicht dauernd bewusst gegen Mutlosigkeit ankämpfen müssen,
- Lebensperspektiven haben,
- keine Gerüchte und Spekulationen mehr hören,
- nicht mehr belogen werden,
- nicht mehr so schnell älter werden,
- keinen Reis mehr essen,
- Verwandte und Freunde wiedersehen,
- hygienische Mindeststandards genießen,
- ohne quälende Ungewissheit über den Ausgang des Ganzen leben,
- nicht nur über die Welt da draußen lesen, sondern mitten drin sein,
- nicht täglich ein Stück mehr abstumpfen,
- nicht immer dünner werden,
- nicht jede Sekunde wie auf einer Bühne leben,
- eine normale Toilette benutzen,

- richtig duschen,
- nicht mehr den penetranten Geruch von angebrannten Sardinen riechen,
- nicht mehr vom Geruch von Kot und Urin umweht werden,
- meine Frau wieder als Powerfrau erleben,
- saubere Kleidung tragen,
- nicht mehr ein weißes Zootier sein,
- Frieden genießen,
- meine gewohnte Spannkraft und Lebensfreude wieder haben,
- ohne bewaffnete »Security«-Begleitung gehen können,
- sauber schlafen gehen,
- in einem Sessel sitzen,
- an einem Tisch essen,
- in einem Bett schlafen,
- ohne die Furcht vor Tropenkrankheiten leben,
- eine gewalttätige Gesellschaft hinter mir lassen,
- wieder in die Zivilisation zurückkehren,
- FREIHEIT!

Renate leidet besonders unter der Länge der Geiselhaft. Jeden Tag diese Angstzustände durch das Gewehrfeuer. Es ist zum Erbarmen. Und wir sind so machtlos. Heute ist es besonders schlimm. Schon am Nachmittag vergeht keine Viertelstunde, in der nicht Salven zu hören sind, die dann von Camp zu Camp beantwortet werden. Die ganze Insel hallt von Feuerstößen wider. Liegt das am heutigen Vollmond? Wir fragen unsere Bewacher. Die Kämpfer haben neue Waffen bekommen, heißt es, und jetzt probieren sie diese halt aus. Mohammad kommt vorbei und sorgt sich um Renate, kann aber auch nichts machen. »No disciplin«, sagt er resignierend.

Es ist schon dunkel geworden. Das Schießen flaut nicht ab, wie sonst üblich zu dieser Tageszeit, es nimmt vielmehr zu. Renate tut mir unendlich Leid. Ich bitte um ein Zeichen, dass ihre Qualen noch in diesem Monat Juli ein Ende finden. Auch als es für uns längst Zeit ist, unsere Schlafplätze herzurichten, normalerweise zwei Stunden nach Sonnenuntergang, also gegen zwanzig Uhr, intensiviert sich das Schießen weiter. Es klingt inzwischen fast wie Gefechte. Was hat das zu bedeuten? Wir werden nervös.

Da kommt eine völlig unerwartete, entspannende Erklärung: »Moon, moon.« Wir blicken in den Nachthimmel und sehen eine partielle Mondfinsternis. Links unten hat sich der unscharfe Erdschatten auf den Vollmond geschoben.

Aida, die Philippina in unserer Gruppe, erklärt uns das Schießen. Viele glauben hier noch an Gespenster und Naturgeister. Auf außergewöhnliche Naturereignisse reagieren sie mit Schießen. Sie schießen auf Windhosen, kleine Wirbelstürme, Gewitterwolken und eben auch auf einen sich verdunkelnden Mond. In der traditionellen Vorstellung frisst ein böser Drache den Mond auf.

Um einundzwanzig Uhr fasziniert uns eine totale Mondfinsternis. Ein spektakuläres Bild: der volle Mond in dunklem Orange inmitten des Sternenhimmels, wie Diamanten auf schwarzen Samt hingestreut. Davor die Silhouetten der hochstämmigen Palmen, in denen zahlreiche Glühwürmchen tanzen, blinkenden Sternschnuppen gleich.

In schärfstem Kontrast zu diesem überwältigenden Naturschauspiel ertönen fast ununterbrochen Gewehrsalven. Mehrere tausend Schuss kommen da heute bestimmt zusammen. Ob Angst vor Naturphänomenen, Wut über ausbleibende Soldzahlungen, Spaß am Leben oder Freude an religiösen Feiertagen, allen denkbaren Gefühlen verleiht man in dieser Gesellschaft durch Schießen Ausdruck. Ein Abend wie der Buchtitel: Horror im Tropenparadies.

12

Der 17. Juli beginnt unspektakulär, wie viele andere Tage zuvor im »Mid Jungle Camp«, in dem wir seit fünf Wochen sind. Uns weckt Surayas Transistorradio mit den Frühnachrichten »... from Jolo, Sulu«, wie es uns jeden Morgen entgegenschallt. Die Lokalnachrichten sind in Taosog mit englischen Einsprengseln. Wir schnappen »hostages«, »France, Germany, Finland« und »Aventajado« auf. Nichts Besonderes also.

Marc wirft das Kaffeewasser auf unserem neuen Gaskocher an. Zum Frühstück gibt es die Köstlichkeiten aus der Kampfpackung der Bundeswehr, mit denen uns die deutsche Botschaft reichlich ausgestattet hat, leider alles »Typ III«, so dass es immer das Gleiche gibt, aber von guter Qualität: Kräcker mit Rindfleischlyoner, Streichkäse und Konfitüre, Instantkaffee usw. Dann geht Renate mit Marc zur täglichen Wäsche zum Fluss. Anschließend schnippeln sie Kohl und Knoblauch, den Marc mit den Hamburgern aus der Kampfpackung später zum Mittagessen verarbeitet.

Beim Mittagessen fällt Renate ein, dass heute unser 34. Hochzeitstag ist. Unter diesen Umständen ist uns wenig feierlich zumute. Sie erzählt der Gruppe von unserem unvergesslichen 30. Hochzeitstag, als unsere vorgewarnten Gastgeber in unserem Urlaubsquartier in Donnersbachwald (Steiermark) die ahnungslose Renate mit einem Grillfest und zünftiger Blasmusik überraschten. Dann ziehen wir uns in die Hängematten zurück. Ich schreibe am Tagebuch und nicke etwas weg.

114

Mit Gemüse wurde die Reisdiät um lebensnotwendige Vitamine angereichert.

Gegen fünfzehn Uhr sagt Renate: »Du, da kommt ein Wagen.«
Ich höre ihn auch, aber das muss noch nichts heißen. Ab und
zu kommen Pickups, um die geernteten Kokosnüsse abzuholen. »Mujib und Robot sind da«, sagt Renate, »die gucken hier
hoch.« »Okay, ich geh mal hin«, antworte ich.

Außer ein paar Leibwächtern der Kommandeure sowie zwei
Frauen mit Kindern sind auch zwei uns unbekannte Zivilisten gekommen. Der Wortführer kommt ohne Umschweife zur
Sache. »Ich habe eine Botschaft für Sie. Ich kann Sie leider
nicht alle mitnehmen, aber ich bin gekommen, um eine von
Ihnen heute hier herauszuholen.« Robot fragt Marc: »Wo ist
Ihre Mutter?«

Renate ist frei!!! Sie kann es, immer noch in der Hängematte
liegend, gar nicht fassen. Was für Geschenk zum Hochzeitstag!

115

Renate wird als Erste freigelassen, muss aber Sohn und Mann zurücklassen.

Sie weint vor Rührung, zögert aber, ohne die Gruppe und ganz auf sich allein gestellt, den Schritt in die Freiheit zu tun. Marc muss sie überzeugen. Was werden die anderen in der Gruppe sagen? Schließlich war über die Freilassung aller Frauen verhandelt worden. Renate zittert vor Aufregung. Ihr Knie knickt ein, wie in ihren schlechten Wochen. Sie muss unbedingt raus, braucht Ruhe, Geborgenheit und Frieden. Marc und ich können sie überzeugen, dass es für die Abläufe der Freilassung der gesamten Gruppe unerlässlich ist, dass sie jetzt rausgeht, erst recht angesichts ihres täglichen Leidens, das sichtlich an ihrer Substanz gezehrt hat.

Der Überbringer der guten Botschaft wird mir von Commander Robot als »present negotiator« vorgestellt. Er lässt sich von uns »Ernie« nennen. Wir fragen natürlich nach den Perspektiven

116

für die restliche Gruppe. »Soon«, lautet die bei uns wenig beliebte Antwort, denn »soon, very soon« hatten wir schon vor zwei Monaten als Antwort bekommen, und es war zum Inbegriff für philippinische Zeitdimensionen geworden. Nachgefragt, ob dies Monate oder Tage bedeute, kommt die klare Antwort: »Days.« Wir atmen auf. Vor Aufregung zitternd packt Renate derweil ein paar Sachen zusammen.

Dann heißt es Abschied nehmen. Weil Risto fotografiert, mache ich ebenfalls einige Aufnahmen vom Verhandlungsführer. Der drängelt: »Der Hubschrauber wartet.« Noch ein paar Küsse hier, eine Umarmung dort, dann begleiten Marc und ich Renate zum Wagen. Mit einem Kopftuch und Robots T-Shirt ist sie getarnt worden, damit sie auf dem offenen Wagen nicht als Geisel erkannt wird. Diese mysteriösen Umstände lassen ein mulmiges Gefühl aufkommen, das aber verfliegt.

Mit einem Kopftuch und einem langärmeligen Hemd wird Renate getarnt.

117

Insgesamt habe ich ein gutes Gefühl und bin voller Zuversicht. Was bleibt uns auch sonst? Noch ein Foto von Renate auf dem Wagen, dann muss ich auf Robots Geheiß dem großen Unbekannten meine Kamera ausliefern. Da habe ich offenbar ein paar Fotos zuviel von ihm gemacht. Er spielt als Unterhändler wohl eine geheime Rolle, möchte unerkannt bleiben. »Ernie« verspricht aber wiederzukommen und die Kamera mitzubringen, will auch selbst noch ein paar Fotos machen. Ein letztes Winken, dann verschwindet der Wagen zwischen den Palmen.

Marc und ich halten Kriegsrat bei den Hängematten. Wir sind sicher, dass unser Drängen, diese Chance zu nutzen, das einzig Richtige war. Sie durfte hier nicht länger leiden, hatte sich schon viel zu lange gequält. Mohammad, ihr fürsorglicher Bodyguard, kommt hinzu. Er sieht gar nicht glücklich aus. Er reicht uns stumm die Hand, hockt sich zu uns. Er senkt seinen Kopf und wischt sich mit seinem blauen Stirntuch die Augen.

Was bewegt ihn? Ist es Rührung? Macht er sich Sorgen um Renates Übergabe, dass sie sicher durch die unsichtbare Frontlinie kommt? Wir wissen es nicht. Es tut manchmal weh, mit Menschen nicht sprechen zu können. Er spricht quasi kein Englisch, wir kein Taosog. Und bei Gefühlen versagt auch die Zeichensprache. So hockt er stumm neben uns, ein Abu-Sayyaf-Kämpfer mit Tränen des Mitgefühls in den Augen – auch das ist ein Stück südphilippinischer Realität.

Wenig später hellt sich seine Miene auf. Er hat in einer nahen Hütte eine Radiomeldung aufgeschnappt. 16.45 Uhr: Renate ist in Begleitung von Aventajado in Zamboanga gelandet. »Madam happy«, strahlt er uns an.

Zwei Tage später halten wir in unserer Hütte Zeitungen mit Fotos von Renate in Jolo und in Frankfurt in Händen. Während sie auf dem ersten Foto noch weint, so wie sie aus dem

Camp ging, strahlt sie an Dirks Seite nach der Landung in Frankfurt. Wir sind sehr glücklich, dass wir sie in Sicherheit wissen. Die restlichen Tage sind für Marc und mich jetzt viel leichter wegzustecken. Wir müssen nicht mehr hilflos mit ansehen, wie Renate unter den Schüssen leidet. Seit ihrer Freilassung ist es mit dem Herumballern noch schlimmer geworden.

Auch bei den anderen im Camp kommt jetzt Aufbruchstimmung auf. Als nächste Gruppe sollen die restlichen Frauen entlassen werden, lautet das aktuelle Gerücht. Eine weitere Meldung im *Philippine Star* vom 18. Juli, gleich neben dem Bild von Renate, ist bezeichnend und entlarvend zugleich: Nach der Eroberung eines wichtigen Camps der MILF, einer anderen islamischen Unabhängigkeitsbewegung, ist nach philippinischen Meinungsumfragen die Zustimmung zur Politik des Präsidenten von fünf Prozent (!) im März 2000 auf dreizehn Prozent Anfang Juli gestiegen. Das bestätigen frühere Berichte über einen engen Zusammenhang zwischen der Präsidentenpopularität und einer harten Linie gegenüber den Moslemrebellen und beleuchtet gleichzeitig den politischen Hintergrund des Angriffs auf unser Camp am 2. Mai: Für ein paar präsidiale Popularitätspunkte war vermutlich vorsätzlich unser Leben riskiert worden.

Am 20. Juli kommt wieder ein Wagen angefahren. Manche Herzen schlagen schon höher, aber es kommt nur Besuch: drei Frauen mit Kopftuch, Verwandte der Verhandlungsführer, so heißt es. Sie wollen auch Fotos mit den berühmten Geiseln für das Familienalbum. Sie werden von Commander Mujib und Commander Robot begleitet. Eine halbe Stunde bleiben sie. Commander Robot winkt mich beiseite. Er sagt, die Verhandlungen mit Aventajado laufen gut. Für den 24. kündigt er vier weitere Freilassungen an. Ich frage nach, ob das die vier Frauen sein werden. »Männer und Frauen«, lautet seine Antwort. Marie winkt er anschließend auch heran, schließlich sagt er es der ganzen Gruppe, allerdings ohne sich zur Frage des Geschlechts der Freizulassenden zu äußern. Ich frage nach dem Verbleib des *Spiegel*-Korrespondenten Lorenz, von dessen Kidnapping am 2. Juli wir erfahren haben. Die klare Antwort ist, dass Abu Sayyaf damit nichts zu tun habe.

Das Packen am folgenden Tag ist ein untrügliches Zeichen dafür, dass wir nur noch mit wenigen Tagen Geiselhaft rechnen. Für fünfhundert Pesos erstehe ich ein Prachtexemplar eines Buschmessers. Ein solches Buschmesser ist in zweifacher Hinsicht für diesen Kulturkreis typisch. Man schlägt sich damit durch dichtes Unterholz, macht Feuerholz, öffnet Kokosnüsse und bearbeitet Bambus, wenn man Hütten und Häuser baut. Das ist die zivile Nutzung. Die Messer sind aber so scharf geschliffen, dass sie auch als Nahkampfwaffe zum Kehledurchschneiden dienen. Mit einer allseits bekannten Geste wurde uns die zweite Funktion erklärt. Jeder Mann hat solch ein »bolo«. Deshalb hatte ich schon vor etlichen Wochen gefragt, ob ich ein Exemplar erwerben könne. Das war mit dem Hinweis auf den Waffencharakter verweigert worden. Aber jetzt, wo es auf die Freilassung zugeht, traut uns niemand mehr etwas Böses zu.

Zur Mittagszeit kommen die Malayen zu Besuch, in reduzierter Zahl, denn weitere vier sind am Vortag entlassen worden. Entsprechend aufgeräumt ist die Stimmung beim gemeinsamen Mittagessen.

Gegen Abend, bis in die Nacht hinein, wird wieder irrsinnig herumgeballert. Pausenlos werden Salven aus Automatikwaffen abgefeuert. Es kann ja nicht schon wieder Mondfinsternis sein. Die Freude an neuen Waffen ist wohl dieses Mal die Erklärung für die furchteinflößenden Feuerstöße, auch direkt in unserer Nähe. Wir sind nur glücklich, dass Renate das nicht mehr aushalten muss. Doch auch für andere Gruppenmitglieder ist es schier unerträglich.

Wir alle wissen, dass die Fighter in die Luft schießen, aber ein erhebliches Bedrohungspotenzial ist trotzdem gegeben, denn es riecht verdächtig süßlich in der Nähe ihrer Hütten. Wer will ausschließen, dass einer von ihnen durchknallt? Und wenn wir in der Zeitung lesen, dass verschiedene Abu-Sayyaf-Fraktionen sich erbittert um das schon erhaltene Lösegeld streiten, dann bekommen die nächtlichen Schießereien eine neue, Angst machende Qualität. Sicherheit gibt es für uns nur außerhalb dieser Welt der kiffenden und koksenden Kämpfer und des geldgierigen Gerangels.

Am Sonntag, dem 23. Juli, ist uns allen gegenwärtig, dass wir jetzt drei Monate in Geiselhaft sind. Und wieder bewegt uns die Frage: »Wie lange wird es noch dauern?« Nach Renates Freilassung vor knapp einer Woche sind wir eigentlich sehr zuversichtlich, dass es nicht mehr lange sein wird. Sogar der amerikanische Präsident Clinton soll einen Besuch seines philippinischen Kollegen Estrada in Washington von einer vorherigen Lösung unseres Geiselproblems abhängig gemacht haben. Trotzdem bleibt vor dem Hintergrund unserer Erfahrungen eine Menge Skepsis. Fakten zählen.

Marc hat sich etwas abseits in seine Hängematte zurückgezogen, als ich gegen sechzehn Uhr Motorengeräusch höre. Das lässt jetzt keinen mehr kalt. Also gehe ich zu unserer Hütte. Es sind unser Kontaktmann, der die Tonkassetten bringt, und Shihata mit vier weiteren Kämpfern gekommen. Der Kontaktmann hat ein Briefchen, das in holprigem Englisch sagt, dass der Überbringer mit seiner digitalen Videokamera Aufnahmen für einen Privatsender machen soll. Das bürgert sich offensichtlich jetzt ein. Da Journalisten nicht selbst in das Camp kommen dürfen, schicken sie Interviewfragen per Brief, Knipskameras und jetzt also erstmals eine Videokamera. Die Kämpfer schlüpfen in die Rolle von Fotografen und Kameramännern. Eher schlecht als recht, denn unser Mann kann die Kamera nicht bedienen. Also

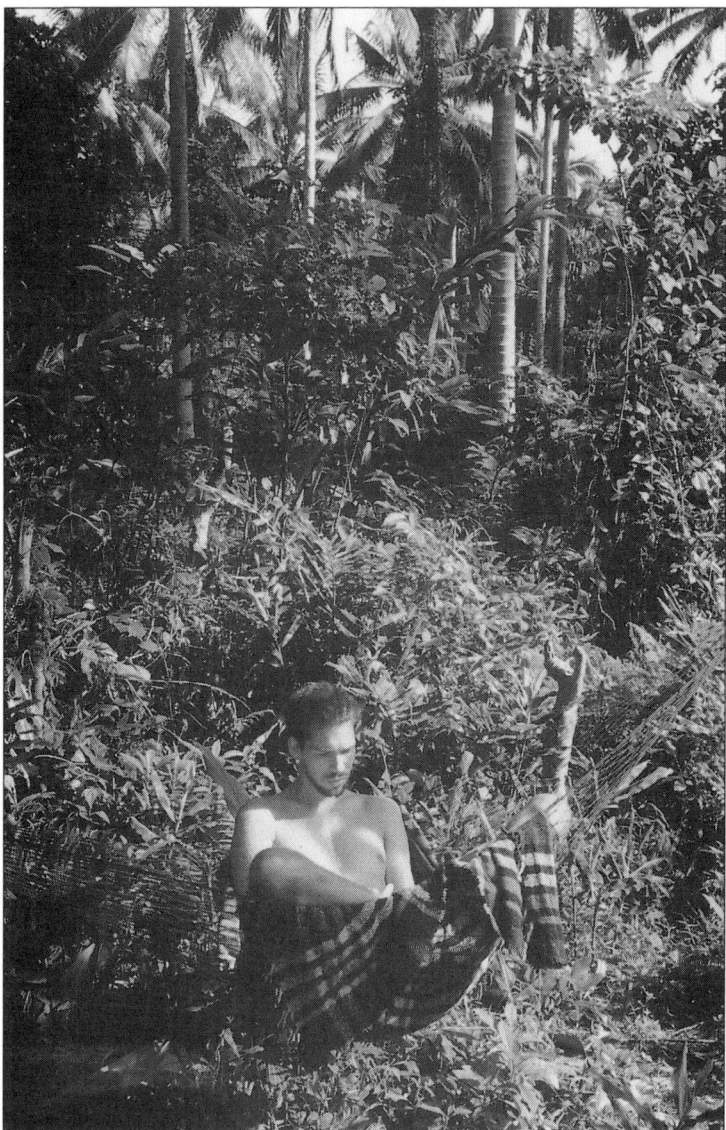

Etwas abseits, aber noch in Sichtweite, versucht Marc ein wenig für sich allein zu sein.

weisen wir ihn in die wichtigsten Grundfunktionen ein. Es klappt dann auch. Er hält die Kamera sogar recht ruhig. Marc und ich sprechen kurze Statements in die Kamera.

Dann rückt Shihata als vermutlicher Insider mit einer schier unglaublichen und zugleich sehr konkreten Information heraus: Die vier, die morgen freigelassen werden sollen, sind Callie und Monique aus Südafrika sowie Marc und ich. Wir sind überrascht, aber niemand bricht in Jubel aus, die ganze Gruppe nimmt es mit großer Gelassenheit auf. Risto kann dem sogar eine gewisse Logik abgewinnen. Aber allgemein herrscht die Grundstimmung vor: Schaun mer mal.

Montag, 24. Juli. Kann man es uns verdenken, dass wir an diesem Morgen mit dem Gedanken frühstücken: Ist das unser letztes Frühstück in Gefangenschaft? Schließlich haben Robot, Mujib und Shihata die vier Entlassungen für heute angekündigt. Der Löffel Instantkaffee ist etwas voller als sonst. Wir brauchen ja nicht mehr so sparsam zu sein.

Nach dem Gewitterregen der Nacht ist der Vormittag sonnig. Wir verteilen uns wieder auf unsere Hängematten und lauern insgeheim auf das Motorengeräusch, das Freiheit verspricht. Es bleibt ruhig, den ganzen Vormittag lang. Leider. Aber Renate wurde ja auch erst am frühen Nachmittag abgeholt. Mit Marc malen wir uns aus, was das heute für ein aufregender Tag werden könnte. Wir denken an die nahe Freiheit, einen Flug nach Deutschland – aber es kommt ganz anders.

Zunächst ist die Atmosphäre im Camp relativ entspannt. Tagsüber sind nur zehn bis zwanzig Kämpfer im Camp als unsere »Security«, die uns auch zum Fluss begleiten. In der Hütte wird an den Tagebüchern geschrieben, Risto und Seppo kochen gerade auf dem offenen Feuer das Mittagessen, ich lese in der Hängematte einen Roman von Sten Nadolny.

Plötzlich eskaliert zehn Meter hinter mir, dort, wo gekocht wird, ein Streit zwischen zwei Kämpfern, etwa sechzehn und siebzehn Jahre alt. Sie rangeln miteinander. Der Wortwechsel wird heftiger. Ihre Stimmen schnappen über. Drei andere Leute gehen dazwischen. Sie zerren die Kampfhähne auseinander, die sich aber losreißen. Sie greifen zu ihren Automatikwaffen. Jetzt versuchen die Schlichter ihnen die Waffen zu entwenden. Das Gebrüll wird noch erregter. In jedem Satz das Wort »Sinapang« (Waffe). Ich springe aus meiner Hängematte, laufe zehn Meter weit weg, geduckt, bereit, mich in das dichte Grün zu werfen.

Da fällt ein Schuss. Gedankenfetzen rasen. »Sind die wahnsinnig?« »Gehen jetzt alle aufeinander los?« »Das soll unsere ›Security‹ sein?« Es ist niemand getroffen, aber das Geschrei hält an. Schließlich werden die zwei entwaffnet. Unter schärfstem Protest, denn ohne Waffe sein heißt hier, kein ganzer Kerl zu sein. Entwaffnung gleich Entmannung.

Ich gehe zu unserer Hütte hinunter. Niemand da. Auch die anderen haben sich schleunigst aus der Schusslinie geflüchtet. Wir haben wieder Angst, Angst um unser Leben. Zwar hat niemand auf uns geschossen, es wurde niemand verletzt, doch bei der Allgegenwart scharfer Waffen stellen solche Zwischenfälle aus nichtigem Anlass eine unmittelbare Gefahr für Leib und Leben dar, an jedem Tag, den wir noch hier sein müssen. Auch die Schüsse in die Luft hören sich jetzt wieder bedrohlich an. Nach einer halben Stunde hat sich die Lage entspannt, aber beim Mittagessen will der rechte Appetit nicht aufkommen.

Beim Abendessen lösen Zeitungsmeldungen Diskussionen und Spekulationen aus. Es gibt unterschiedliche Auffassungen unter den Abu-Sayyaf-Führern über die Freilassungspraxis und die Zeit danach. Allgemein wird ein großer Rachefeldzug der Armee erwartet, wenn alle Geiseln freigelassen sind. Rache für das erzwungene Stillhalten. Rache, die in einen anhaltenden Vernichtungskrieg münden könnte. Markig und martialisch hatte der Präsident in der Rede am Vormittag geklungen, als er einen Teilsieg über die MILF feierte. In der letzten Woche hatte wohl nur der vereinte Einsatz der Außenminister Deutschlands, Finnlands und Frankreichs in Manila eine militärische »Lösung« unseres Geiseldramas abwenden können.

Spätestens nach unserer Freilassung aber soll dann Rache an Abu Sayyaf genommen werden. Was liegt da näher, als ein paar Geiseln als menschliche Schutzschilde zu behalten? Die Letzten werden möglicherweise noch viel länger hier bleiben, so Ristos Vermutung. Sollte das zutreffen, so ist es plötzlich eminent wichtig, wer zuerst entlassen wird und wer zuletzt. Ein paar Tage machen kaum einen Unterschied, aber Wochen, Monate?

Aber sie haben ja auch noch die drei französischen Journalisten, kommt ein Einwand. Man spürt wie ein Denken in Gruppenegoismen einsetzt. Jeder will sein Leben retten. In dem wohl unausweichlichen heißen Krieg in den südlichen Philippinen möchte keiner von uns umkommen. Am Morgen noch die klammheimliche Erwartung der bevorstehenden Freilassung, am Abend das düstere Kriegsszenario. Emotionale Kapriolen.

13

Zäh zieht sich die Zeit – und rast zugleich. Im April sind wir entführt worden, mittlerweile ist es August. Hundert Tage sind am 1. August vergangen seit unserer Entführung. Seit fast zwei Monaten sind wir im gleichen Camp. Ereignisarme Tage reihen sich zu einer amorphen Zeitmasse; Wochen verlieren ihre Struktur. Jeden Tag die gleichen Abläufe, vom Gang der Sonne diktiert: keine Uhr, keine Termine, keine Aufgaben. Nähern wir uns überhaupt noch einem Entlassungstermin? Hat jemand die Zeit angehalten?

Nein. Der Blick in den Spiegel zeigt es. Der Vollbart wächst, der Blick ist stumpf geworden, tief sind die Falten in die Stirn gefurcht. Ich scheine hier alle zwei Wochen ein Jahr älter zu werden. Zumindest äußerlich. Auch innerlich?

In diesem gestaltlos grauen Zeitnebel versuchen wir Zeichen für ein nahendes Ende der Geiselhaft zu entdecken. Hatte nicht Commander Robot genickt, als zu Marcs Geburtstag am 8. Juli die »Jesus Miracle Crusaders« von einem Ende innerhalb eines Monats sprachen? Hatte nicht Chefunterhändler Aventajado in der Pressekonferenz vom 28. Juli von nur noch zwei Wochen für uns gesprochen? Waren nicht alle Entführungen von Abu Sayyaf nach etwa drei Monaten vorüber? Könnte nicht die Sternschnuppe vorgestern ein gutes Zeichen gewesen sein? Oder der Schmetterling, der sich neulich beim Lesen auf das Buch setzte? Ein Bote der Freiheit?

Ein Rest von natürlicher Vegetation zeugt von der ursprünglichen
Schönheit der Insel Jolo.

Wie es für das gesamte Geiseldrama überaus typisch ist, folgt auf die ereignisarmen Tage und Wochen ganz überraschend ein Tag voller Dramatik. Für den 2. August hat Marie bei Suraya die dritte Wanderung zum Aufenthaltsort der französischen Journalisten und der »Jesus Miracle Crusaders« gebucht. Nachdem vor ein paar Tagen schon Sonia und Stephane dort waren und später Marc mit Callie und Monique, gehe ich dieses Mal mit den beiden Finnen. Stephane kommt auch noch einmal mit. Zwanzig Minuten Fußmarsch sind es nur bis zu unserem ersten Quartier, dem »Crown Plaza«, wo wir vor hundert Tagen waren.

Der Weg dorthin ist landschaftlich wunderschön. Zuerst geht es durch Palmenhaine, so wie in unserer unmittelbaren Umgebung. Dann wird die Landschaft offener, nur Buschwerk, zwischen dem Kühe grasen. Im Hintergrund sind grasbestandene Vulkankegel zu sehen. Daneben gibt es Reste der ursprünglichen Vegetation des tropischen Regenwaldes, einzeln stehende Bäume, bis zu fünfundvierzig Meter hoch, die Stämme von blühenden Kletterpflanzen umrankt. An anderer Stelle, unter Baumgruppen, stehen großblättrige Pflanzen, deren größte Blätter fast eine Fläche von einem Quadratmeter erreichen.

Dann erreichen wir das »Crown Plaza«. Es sieht jetzt anders aus. Es wohnt keine Bauernfamilie mehr dort wie bei unserem Einzug. Das Wohnhaus mit dem Blechdach hat keine Wände mehr. Die drei Journalisten wohnen in der ehemaligen Küche.

In diesem Quartier wurden wir vor vierundneunzig Tagen, am 2. Mai, von der Armee angegriffen. Wir schleichen um das Haus und rekonstruieren die schrecklichen Stunden. Richtig, dort am Rand des Unterholzes beim Palmenhain, stand der Kämpfer, der sein ganzes Magazin aus der Hüfte leer feuerte. Und hinter diesem Steinhaufen lagen wir in Deckung. Und von hier aus griff Commander Robot, direkt neben mir kniend, in das Kampfgeschehen ein. Beklemmende Momente, in denen mir die unmittelbare Todesgefahr, in der wir uns befanden, wieder gegenwärtig ist. Etliche Löcher im Wellblechdach zeigen, dass damals nicht mit Platzpatronen geschossen wurde. Unter diesem Blechdach lagen wir und bangten um unser Leben.

Die französischen Journalisten haben sich unter einer kleinen Baumgruppe eine gemütliche Sitzecke mit einem improvisierten Tisch, einer Sitzbank und zwei Hängematten eingerichtet: Wir werden zu einem Kaffee eingeladen. Sie trinken aus richtigen Tassen, schlafen unter Moskitonetzen und durften am Vortag ihr Satellitentelefon benutzen und lange mit Paris telefonieren. Sie gehen inzwischen davon aus, mit uns zusammen entlassen zu werden.

Aus dem Haus der »Jesus Miracle Crusaders« erklingen unablässig fromme Weisen. Einer der Priester spricht länger mit uns. Er erkundigt sich nach Renates Befinden und ist davon überzeugt, dass sie mit ihrem Beten, Singen und Fasten Renates Freilassung bewirkt haben. Auch bezüglich des Gesamtziels ihrer Mission, eine Aussöhnung zwischen Christen und Muslimen in der Region Mindanao herbeizuführen, hegt er keinerlei Zweifel. Wenn Friede hier einzieht, so tröstet er uns, dann hat auch unsere Gefangenschaft einen Sinn gehabt. Wohl weiß auch er, dass mit dem Lösegeld für uns neues Kriegsgerät in die Region strömt, dass es Hitzköpfe in der philippinischen Generalität gibt. Aber das bewundernswerte Gottvertrauen unseres Gesprächspartners ist unerschütterlich.

Ihr Quartier macht mit den wenigen dort versammelten Kämpfern in der Tat einen friedlichen Eindruck. Dass in unserem Camp inzwischen jeden Tag fünf neue Hütten entstehen, dass Abu Sayyaf dank ausreichender Liquidität eine beispiellose Rekrutierungskampagne gestartet hat und inzwischen nach Zeitungsberichten dreitausend statt früher dreihundert Kämp-

Die »Jesus Miracle Crusaders« waren schließlich selbst Geiseln in der Gewalt der Moslemrebellen.

fer zählt, dass die Zeichen eher auf eine Entscheidungsschlacht als auf Frieden hindeuten, das sage ich ihm lieber nicht.

Zurück in unserem Camp lese ich eine englischsprachige Tageszeitung. Zwei uns bekannte Journalisten des Fernsehsenders ABS-CBN sind von der Gruppe Abu Sayyaf freigelassen worden. Ihre Geiselhaft endete nach fünf Tagen. Dennoch wird in der Zeitung von einem »ordeal« (Martyrium) gesprochen. Ich kann mir ein leichtes Schmunzeln nicht verkneifen. Es ist aber ein gutes Zeichen, dass der Freilassungsprozess fortgesetzt wird.

Weitere Augusttage, zu meinem Bedauern alles Sommerferientage, sind verflossen. Wir schreiben den 9. August. Es hat sich nichts Grundsätzliches geändert, aber positive Zeichen aus unterschiedlichen Quellen mehren sich. Zunächst gibt es da immer noch Aventajados Einschätzung, die auf diese Woche hinauslief. Auch sollen, so seine jüngste Auffassung, nicht mehr notwendigerweise die drei Malayen die Priorität haben. Ken, einer von ihnen, war vorgestern bei uns, wusste aber auch nichts zu berichten.

Gestern kam wieder eine Tonkassette, die von allerhand positiven Aspekten und von Reiseaktivitäten der Entscheidungsträger berichtete. Und heute schließlich hat Marie einen Brief der französischen Journalisten erhalten. Ihnen soll am gestrigen Abend ein enger Mitarbeiter von Azzarouk gesagt haben, sie sollten zusammen mit uns noch vor dem Wochenende entlassen werden. Nun – solch konkrete Aussagen gab es schon häufiger, aber dieses Zusammentreffen von positiven Signalen aus verschiedenen Quellen stimmt uns doch hoffnungsvoll. Da werten wir es auch nicht mehr als schlechtes Zeichen, dass immer noch Reis ins Lager getragen wird. Jetzt sind wir – wieder einmal – halbwegs sicher, dass unsere baldige Entlassung bevorsteht.

Wie es der schrecklichen Dramatik unserer Gefangenschaft entspricht, folgt auf einen Tag großer Hoffnungen wieder das Gegenteil. Zunächst ist der 10. August ein ganz normaler Wartetag, an dem kaum etwas passiert. Vormittags scheint die Sonne, die beste Zeit, um zum Wasser zu gehen und Wäsche zu waschen. Gegen Mittag setzt wie immer in diesen Tagen ausgiebiger Regen ein. Marc braucht daher nicht zum Fluss zu gehen, er duscht gleich hier mit dem Wasser, das vom Plastikplanendach herunterläuft.

Ken, einer der drei verbliebenen Malayen aus dem anderen Camp, kommt vorbei. Wir hatten ihn schon in Freiheit gewähnt. Nun sind sie aber doch noch da – kein gutes Zeichen.

Ken erzählt, dass Commander Robot dank neuen Reichtums erst einmal eine dritte Frau geheiratet habe und in die Flitterwochen entschwunden sei. Es soll eine regelrechte Flucht gewesen sein, da seine erste Frau ihn voller Zorn mit seiner eigenen Waffe bedroht habe und er sich nur durch einen Sprung aus dem Fenster retten konnte.

Unverzagt fangen wir dennoch an, Mitbringsel für die Lieben daheim aus Bambus zu basteln: Aschenbecher und Vasen. Das ist auch eine Art Beschäftigungstherapie. Dann kommen von der finnischen Konsulin acht neue Bücher in englischer Sprache. Sie schreibt zwar inzwischen nichts mehr über ihre persönliche Einschätzung der Verhandlungslage, aber so viel Lesestoff ist auch eine Aussage.

Beim Abendbrot läuft ein Skorpion über Maries Arm. Uns ist schlagartig wieder gegenwärtig, dass jeder Tag Gefangenschaft im Dschungel Gefahren birgt, die wir nur zu gern verdrängen. Vincent, unser Tauchguide auf Sipadan und einer der schon freigelassenen Malayen, war im »Two Rivers Camp« von einem Skorpion gebissen worden und hatte sehr gelitten. Heute erledigt Callie, er verfügt als Südafrikaner über einschlägige Buscherfahrung, das Skorpionproblem mit einer gewissen Routine.

Gegen zwanzig Uhr setzt heftiges Geschieße ein, eigentlich der Zeitpunkt, zu dem wir sonst unseren Schlafplatz herrichten. Als ein Schuss direkt neben uns abgefeuert wird, brüllt eine Geisel entnervt »Stop it!«. Das wird möglicherweise als »stupid« missverstanden. Auf jeden Fall werden in den nächsten fünfzehn Minuten demonstrativ etwa fünfzig Salven aus automatischen Waffen abgefeuert, meist nur zehn bis fünfzehn Meter entfernt. Unablässig bellen die Gewehre, ohne Pause, von allen Seiten unserer Hütte werden wir systematisch eingeschüchtert. Psychoterror pur. Renate hätte das nicht ausgehalten. Wie gut, dass sie vor dreieinhalb Wochen freigelassen wurde. Aber auch die

Einer der jugendlichen Kämpfer, die neu rekrutiert wurden.

jüngere Generation hält diesem aggressiven Höllenlärm psychisch nicht Stand. Eine unserer Frauen schreit verängstigt auf, wirft sich weinend auf ihre Bettstatt, eine andere sitzt eine halbe Stunde schluchzend am Ausgang, wird liebevoll getröstet.

Paul, einer der wenigen Bewacher, die wir seit vielen Wochen kennen, versucht, die Lage zu beruhigen, erklärt den Kämpfern den Unterschied zwischen »Stop it« und »stupid«, hat aber auch keinen hinreichenden Einfluss. »I can't stop it. Stupid people here!« ruft er resignierend aus seiner Hütte. Es zeigen sich die direkten Auswirkungen der ungestümen Rekrutierungskampagne der Abu Sayyaf. Viele neue Kämpfer sind hinzugekommen, darunter auch etliche junge Menschen. Wir sind von vielen neuen Leuten umgeben und haben daher kaum noch eine Chance, Vertrauen aufzubauen. Zu viele unbekannte, meist misstrauische Gesichter. Wir fühlen uns in die schrecklichen ersten Wochen zurückgeworfen. Die Sehnsucht nach Freiheit wird noch drängender.

Fast alle in der Geiselgruppe haben erheblich an Gewicht verloren. Mein Bauch ist völlig weg. Neben dem Magen wirkt mein Bauch eingefallen, die Rippen treten im Bereich des Brustkorbs hervor, Arme und Beine sind dünn. Fünfzehn Kilo habe ich sicherlich abgenommen. Beim Bücken an der Quelle, wenn wir Trinkwasser holen, ist mir regelmäßig beim Aufstehen schwindelig geworden. Die Bewegungsarmut wirkt sich aus. Wir sitzen und liegen den ganzen Tag nur herum.

Deshalb habe ich mir seit einigen Wochen ein kleines Trainingsprogramm verordnet. Mit den Fünf-Liter-Wassergalonen trainiere ich die Arme, mit Rumpfbeugen den Rücken, und für den ganzen Körper steht kurz vor Sonnenuntergang »Power Walking« auf dem Programm. Dazu habe ich mir eine hundertzwanzig Meter lange Strecke neben dem Lager ausgesucht, die ich elfmal mit raumgreifenden Schritten schnell auf und ab gehe.

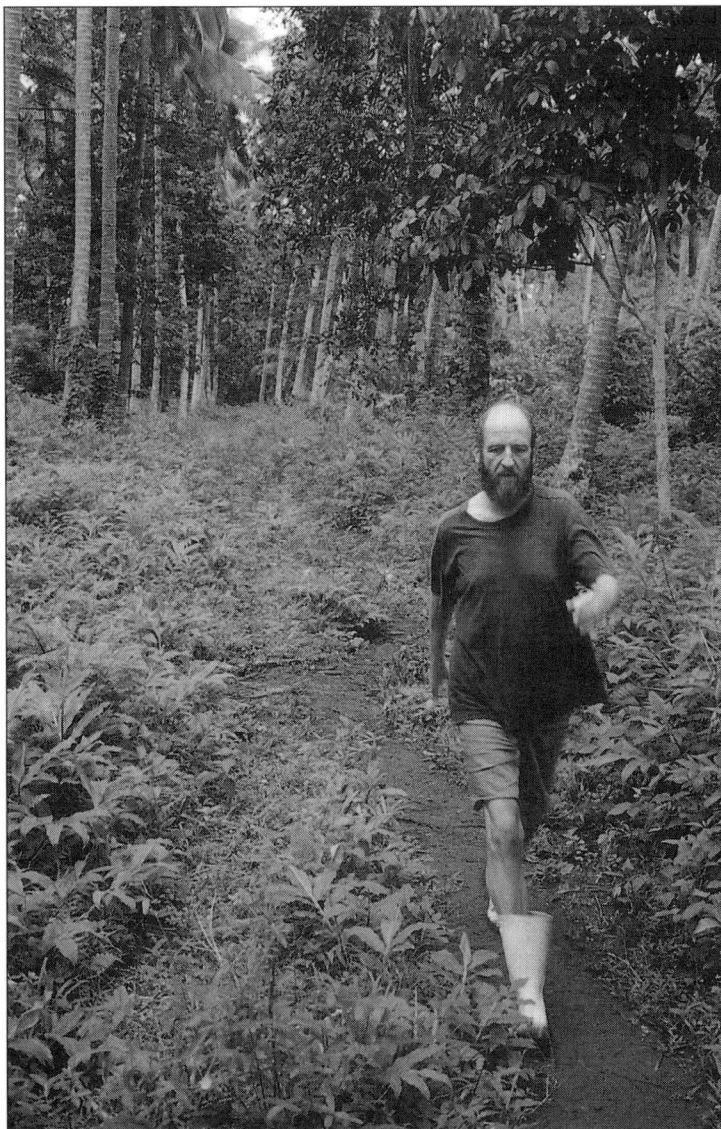

Schnelles Gehen war eine selbst verordnete Maßnahme gegen den Muskelschwund.

Interessant sind die Reaktionen der Abu-Sayyaf-Leute. Oft kommen aufmunternde Zurufe wie »exercise« oder »grandfather, good!« von denen, die mich schon kennen. Neue Kämpfer rufen auch schon mal »Where are you going?«, wenn ich forschen Schrittes scheinbar das Camp zu verlassen scheine, ehe ich wieder kehrtmache. Ein anderer, der mir begegnete, fragte einmal erschrocken: »What happened?« Die Kämpfer, die mir in meiner Spur entgegenkommen, treten meist zur Seite, wenn ich auf sie losmarschiere. Kindliche Freude löst es aus, wenn ich immer an der gleichen Stelle wende. Aber die Belustigung unserer Gefängnisaufseher ist nicht die Zielsetzung meiner Übungen, sie sollen einen Restbestand körperlicher und auch mentaler Fitness sichern, was unter den andauernden schweren Belastungen sehr wichtig ist. Frühere Versuche leichten Joggings habe ich aufgeben müssen, da das linke Knie schmerzt. Das rechte ist eine Woche vor Urlaubsantritt operiert worden und hält alle Belastungen gut aus.

Es ist Sonntag, der 13. August. Sechzehn Wochen sind wir jetzt gefangen. Inzwischen wissen wir den Anlass für die heftigen Schießereien vor vier Tagen. Es waren landesübliche Äußerungen der Freude anlässlich der Hochzeit von Commander Robot. Zeitungsberichte bestätigen, dass er seine dritte Frau geehelicht hat, nachdem er sie zuvor mit einem selbst angeführten Kommando nach Landessitte gekidnappt hat, wie seine erste und zweite Frau auch. Pikanterweise ist die Gekidnappte eine Nichte von Commander Mujib. In den Zeitungen steht auch, dass es Spannungen zwischen den Kommandeuren und ihren Truppen gebe, da kaum etwas vom schon gezahlten Lösegeld an die Kämpfer weitergegeben wurde. Marc hatte in der vorletzten Nacht auch wieder entfernten Gefechtslärm gehört. Vielleicht wurden da wieder Streitigkeiten zwischen Clans oder unterschiedlichen Fraktionen der Guerilla ausgefochten.

Aus Zeitungsartikeln und Briefen erfahren wir, wie konkret die Gefahr eines militärischen Angriffs in jüngster Zeit wieder war. Einflussreiche politische Kreise und die Führungsspitze der Armee können es gar nicht erwarten, die muslimische Guerilla auszuradieren. Ob das Militär bis zur Entlassung aller ausländischen Geiseln wartet, ist keineswegs sicher. Vor wenigen Tagen soll die Gefahr eines Militärschlags so konkret gewesen sein, dass sich der französische Präsident Chirac mit einem persönlichen Anruf beim philippinischen Präsidenten einschaltete und sich gegen jegliche Militäraktion aussprach, sehr in unserem Sinn.

Die bedrohlichen Meldungen lösen an diesem Sonntagmorgen eine Gruppendiskussion über unsere Lage aus, wie wir darauf reagieren sollen. Konkret geht es um die Frage, ob wir in einen Hungerstreik treten sollen, um den Verhandlungsprozess zu beschleunigen und Druck im Sinn einer friedlichen Lösung auszuüben. Zwar hat Chefunterhändler Aventajado wieder einmal unsere »überraschende« Freilassung innerhalb von zwei Wochen angekündigt: »We will surprise you with the release of the Westerners within the next two weeks...« (*Philippine Daily Inquirer* vom 11.8., Seite 19), aber in der Gruppe beeindruckt das niemanden, denn das tut Aventajado seit mindestens einem Monat quasi wöchentlich. Immer geht es um die nächsten zwei Wochen, ohne dass sich für unsere bedrückende Lage etwas Entscheidendes getan hätte.

Die Meinungen in der Gruppe zur Frage des Hungerstreiks sind unterschiedlich. Manche sehen darin unser einziges, aber wirksames Mittel, um auch Commander Robot auf eine rasche Verhandlungslösung einzustimmen, denn wir sind sein Kapital. Jeder von uns ist nach Zeitungsberichten eine Million US-Dollar wert. Deshalb wird er sein Kapital nicht riskieren wollen.

Andere in der Gruppe glauben nicht, dass sich dieser eiskalte und unbarmherzige Mensch von einer solchen Verzweiflungstat beeindrucken lässt. Er wird annehmen, dass wir einen Hungerstreik nicht bis zum bitteren Ende, bis zum Freitod durchhalten. Auch die »Jesus Miracle Crusaders« haben ihr Fasten nach vierzig Tagen abgebrochen, mit dem sie unsere Freilassung erreichen wollten.

Wir können in der Diskussion keine Einigung herstellen. Gerade haben wir beschlossen, die Entscheidungsfindung zu vertagen, da kommen uns die verbliebenen drei Malayen und Abi, der Philippino, besuchen. Sie sind also auch noch gefangen. Das ist kein gutes Zeichen für uns, denn sie sollten vor uns entlassen werden. Sie haben auch keine Neuigkeiten und warten genauso verzweifelt wie wir. Wir posieren zusammen für ein Foto der »Übriggebliebenen« des Kidnappings auf Sipadan, und bei der Verabschiedung hoffen wir alle, uns nicht noch einmal auf Jolo wiederzusehen.

Am Abend schlägt die Stimmung wieder um, dieses Mal ins Positive. Auslöser ist ein Bote von Nurhaida, der einen kurzen Brief bringt. Risto hatte vor Wochen schon mit Nurhaida verabredet, sie solle einen Boten schicken, wenn sie höre, dass wir entlassen werden. Nun ist der Bote da. Der Brief enthält in fehlerhaftem Englisch die Botschaft »You will release...« sowie die Bitte, dem Boten nützliche Sachen mitzugeben, die wir nicht mitnehmen wollen, oder diese Dinge in Zamboanga der finnischen Konsulin zu übergeben. Jetzt sind alle wieder voller Hoffnung. Manche glauben sogar, dass morgen unsere Freilassung bevorsteht.

Am folgenden Montagmorgen kocht die Gerüchteküche. Zuerst kommt der Bote von Nurhaida wieder mit einer neuen Botschaft: Marie soll heute entlassen werden. Eine ältere Frau kommt kurz darauf freudig erregt und äußert sich in Zeichensprache, denn ihren Dialekt kann auch Aida nicht verstehen. Die Message ist klar: Entlassung, denn sie deutet auf Stiefel, macht Zeichen für »gehen« und deutet ein startendes Flugzeug an. Es soll sich auf uns alle beziehen. Schließlich hören wir noch von der Radiomeldung, dass die Crusaders heute entlassen werden sollen. Entsprechend groß ist unsere Verwirrung. Es scheint sich im fernen »Draußen« also etwas anzubahnen, aber was?

Wir entschließen uns nach dem Abklingen der ersten freudigen Erregung für »business as usual«. Zu den Gerüchten passt auch, dass Paul mir für den Nachmittag die Rückgabe meiner zweiten Kamera ankündigt, die mir bei Renates Freilassung vor genau vier Wochen abgenommen wurde. Es tut sich aber bis zum Nachmittag gar nichts. Gelegentlich ist entferntes Motorengeräusch zu hören, das aber nie näher kommt. Als mir noch ein Buschmesser mit einer schönen Holzmaserung angeboten wird, greife ich noch einmal zu. Am späten Nachmittag kommt Paul und bringt tatsächlich meine Fotokamera mit fünf frischen Filmen. Alles ist ungeöffnet. Im Übrigen geht der Tag zu Ende, ohne dass sich etwas in Richtung Heimat bewegt. Wieder so ein Tag der enttäuschten Hoffnungen.

Noch schlimmer läuft es am darauf folgenden Dienstag, am 15. August ab. Kurz vor elf Uhr erscheint Suraya, unsere Köchin, die aber schon seit Wochen nur noch tageweise im Camp ist. In ihrer Begleitung sind drei wohl gekleidete Damen, Verwandte bzw. Mitarbeiterinnen von Gouverneur Tan. Sie bringen neben einer rosa Torte, die Maries Vater zu ihrem heutigen Namenstag schickt, auch Briefe. Danach war unsere Freilassung schon für den vergangenen Samstag geplant, wurde dann aber verschoben. Davon haben wir im Lager nichts bemerkt.

Ich schreibe gerade eine kurze Bestätigung für die erhaltene Kamera, denn die vier Damen drängeln, da wird eine Verwandte des Gouverneurs konkret: Wir sollen das Wichtigste packen und in unserer Hütte bleiben. Das löst wilde Spekulationen aus. Manche von uns hören das Wort »military« und sehen uns im Zentrum eines Angriffs. Andere vermuten einen Umzug in ein anderes Lager. Aber warum sollte das eine Vertraute des Gouverneurs ankündigen? Eine dritte Version ist, dass gar nichts passieren wird. Ich vertrete die Ansicht, dass wir heute entlassen werden.

Auf jeden Fall packen wir alle. Das ist nicht ganz einfach. Was wollen wir mit nach Hause nehmen? Was ist bei einer plötzlichen Flucht verzichtbar? Was sollten wir in ein anderes Camp mitnehmen? Wir versuchen, das nach Sachen getrennt zu sortieren. Die Nerven sind erkennbar gespannt. Hier eine Träne der Anspannung, dort zitternde Hände und trommelnde Finger. Und wir sitzen zwischen unseren gepackten Reissäcken und Rucksäcken und warten, warten auf das Geräusch näher kommender Autos, so wie es vor einem Monat bei Renates Freilassung war. Nichts passiert. Wohl einmal Motorengeräusch, aber es kommt nicht näher. Wieder nur warten, warten, warten.

Mit einiger Verspätung entschließen wir uns dann doch, zu einem normalen Tagesablauf überzugehen. Monique kocht leckere Pasta, wir frischen Tee. Wir warten. Nichts. Am späten Nachmittag ein Brief von Ken. Azzarouk war dort und sagte, die Verhandlungen seien im Endstadium. Wenn schon keine Freilassung, so doch positive Nachrichten. Wir sind ja bescheiden geworden und auch damit zufrieden. Aber allzu oft können wir diesen zermürbenden Rhythmus von angekündigten Freilassungen und enttäuschten Hoffnungen nicht mehr ertragen.

Es wird dunkel. Vor dem Abendbrot wird noch eine Runde Karten gespielt. Der Tag, der so vielversprechend begann, endet wie viele andere auch: keine besonderen Vorkommnisse, keine Freilassung, aber auch kein Angriff. Wieder einen Tag Gefangenschaft abgesessen. Wieder einen Tag der Freiheit näher gekommen. Aber wann kommt die Freiheit?

14

Am Mittwoch, den 16. August, gehen Marc und ich am Vormittag zusammen zum Fluss, um uns zu waschen und für das Mittagessen Wasser zu holen. Heute sind wir wieder mit dem Kochen dran. Geschmorter Weißkohl, Corned Beef und Reis stehen auf dem Speiseplan. Als wir den Kohl schnippeln, setzt kräftiger Regen ein. Während des Mittagessens prasselt es richtig, eine riesige Pfütze bildet sich wieder vor unserer Hütte.

Wir rühren gerade unseren Tee um, den es immer gleich nach dem Mittagessen gibt, da erscheint Paul mit einem Kontingent von etwa zehn uns bekannten Kämpfern. Er winkt Aida zu sich heran, spricht kurz mit ihr. Aida verlässt uns! Es ist nicht ganz klar, ob sie entlassen wird oder nur in ein anderes Camp kommt. Binnen zwei Minuten hat sie gepackt, eine kurze herzliche Verabschiedung reihum, und begleitet von unserem Applaus verlässt sie uns. Nun müssen wir selbst sehen, wie wir uns verständigen können, und niemand kann für uns die Nachrichtensendungen in Taosog, der Sprache der Moros, oder in Tagalog, der landesweit gesprochenen Sprache, verfolgen.

Nach zwei Stunden ist Paul wieder da: Aida ist schon in Jolo, sagt er uns. Vermutlich sind jetzt die Philippinos und die Malaysier freigelassen worden. Es regnet bis zum Abend, trotzdem ist es ein schöner Tag. Der Entlassungsprozess ist im Gang, endlich wieder Taten, nicht nur Ankündigungen. Nun müsste es für uns auch bald so weit sein, ist unsere große Hoffnung.

Der folgende Tag, Donnerstag, der 17. August, beginnt mit kräftigem Regen zum Frühstück. Wir hören, dass die Malaysier nicht freigelassen wurden. Aida aber hat gestern ein Fernsehinterview in Zamboanga gegeben. Wir freuen uns für sie. Nach dem Mittagessen ist es trocken. Ich lese in der Hängematte. Ein Schmetterling setzt sich auf das Buch und dann auf mein rechtes Knie. »Das ist ein gutes Zeichen, morgen geht es raus«, denke ich.

Robots Vertrauensmann taucht wieder mit der Videokamera auf. Er sagt, dass wir heute noch entlassen werden sollen. Robot und Mujib sind am Highway und warten nur noch auf Aventajado, der beim Abholen dabei sein will. Vorher möchte er gern noch ein kurzes Statement, vor der Freilassung. Nachher sei er auch am Highway, um dort noch Aufnahmen zu machen. Ich gebe ein kurzes Statement in die Kamera, die anderen werden auch gefilmt.

Ist das nun die endgültige Freilassung? Wir bleiben skeptisch. Trotzdem packen wir schon mal – so wie vorgestern, als wir wieder auspacken durften. Um siebzehn Uhr kommt mit Paul noch einmal Post sowie zwei Pakete für die Franzosen. So sitzen wir wieder und warten. Warten ist zu unserer Haupttätigkeit geworden. Eigentlich schon seit über drei Monaten.

Die Skeptiker behalten wieder einmal Recht: Nichts tut sich! Es nähert sich kein Motorengeräusch, es kommt keine Delegation. Nichts. Es wird dunkel. Wir sind wieder einmal einer Hoffnung machenden aber inhaltslosen Ankündigung aufgesessen. Dieses Mal hatte sie wohl den Zweck, uns zu einer Filmerlaubnis und zu einem Statement für die Videokamera zu bewegen. Obwohl er keinen entsprechenden Auftrag des Senders hatte, wie wir später erfahren, erwartete er wohl ein paar Dollars oder Pesos. Dafür ist ihm jedes Mittel recht, auch das Spiel mit den Gefühlen der Geiseln. Skrupel? Keine Spur!

Samstag, 19. August. Nach dem Frühstück kommt ein Paket von Tatjana Ohm, der Sat-1-Korrespondentin in Manila. Neben dem leckeren Inhalt als Ergänzung für die Gruppenverpflegung enthält das Paket einen Begleitbrief, in dem sie von drei wahrscheinlichen Entlassungsterminen spricht: Heute, morgen oder am Montag rechnen die Verhandlungsführer mit unserer Freilassung. Wir warten den ganzen Tag lang. Nichts.

Sonntag, 20. August. Eine weitere Tonkassette kommt für uns. Gestern soll in der Tat alles bereit gewesen sein für unsere Entlassung. Alle waren in Zamboanga zur Stelle: die Verhandlungsführer, die Botschafter und Diplomaten, die zahlreichen Medienleute. In Tripolis war man informiert und vorbereitet. Doch dann kamen die Unterhändler mit leeren Händen. Robot wollte die französischen Journalisten nicht mit uns freilassen. Chirac soll für die Journalisten bei Estrada interveniert haben, der dann die Parole ausgab: »Alle oder keiner.« Also keiner. Was bleibt uns? Warten.

Montag, 21. August, der letzte der drei angekündigten Entlassungstage. Wird es heute was? Was passiert da draußen? Kommen sie heute etwa auch nicht? Die Anspannung ist groß. War das jetzt ein Motorengeräusch? Risto, wie spät ist es? Kann es noch klappen? Gespannte Ruhe den ganzen Tag. Keiner will sich etwas anmerken lassen, aber alle lauern. Die Erde dreht sich weiter, die Schatten werden länger. Wieder nichts.

Mittwoch, 23. August. Eine Stunde vor Sonnenaufgang verwandelt ein schweres Gewitter den Platz vor unserer Hütte wieder in ein Sumpfgebiet. Nach dem Frühstück kommt der Mann mit der Sat-1-Videokamera. Wir hatten sie für den heutigen Tag bestellt, um zum »Vier-Monate-Tag« Statements an die Öffentlichkeit zu formulieren. Was sollen wir sagen? Sollen wir einen Hungerstreik ankündigen? Wir entscheiden uns dagegen. Jetzt, wo so viel Bewegung in der Sache ist, erscheint uns das nicht opportun. Jeder macht ein Statement in seiner Landessprache: Afrikaans, Arabisch, Deutsch, Finnisch, Französisch.

Donnerstag, 24. August. Zum ersten Mal nach über zwei Monaten kommt wieder ein Journalist in unser Camp. Er ist Philippino und nennt sich »Ricky«. Er war früher schon einmal im »Two Rivers Camp«. Er sagt von sich, er habe ein besonderes Vertrauensverhältnis zur Abu-Sayyaf-Gruppe. Er hat eine Videokamera, einen kleinen Fotoapparat und eine Tonkassette für uns dabei. Wir hören das Band ab und sprechen unsere Botschaften an Renate und Dirk auf das Tonband. Ricky sagt, es drohe zur Zeit zwar kein Militärschlag, er ermuntere uns aber zu Statements an den Präsidenten in Manila, eine friedliche Lösung anzustreben. Das ist ganz in unserem Sinn. Seine private Einschätzung ist, dass erste Entlassungen in dieser Woche oder am Wochenende möglich sind. Ricky verspricht uns regelmäßig zu besuchen und kündigt seinen nächsten Besuch für den kommenden Sonntag an.

Freitag, 25. August. Ich schlafe in der Regel bemerkenswert gut, habe keine Albträume. Heute erwache ich in einer Albtraumsituation »à la Jolo«: Ich habe etwas Schönes von daheim geträumt, von der Planung eines Forellenessens mit Freunden an der Werra. Aus diesem Traum reißt mich noch vor dem Morgengrauen der Ruf »Allahu Akbar!«. Ich bin also noch auf Jolo. Auch heute warten wir vergebens.

Samstag, 26. August. Suraya kommt am späten Nachmittag mit einem Wagen. Natürlich wecken die Motorengeräusche auch wieder Hoffnungen, besonders nach Rickys Ankündigung. Aber Suraya bringt nur Reis ins Lager und Pakete für die Geiseln, darunter zwei Pakete für uns aus dem Bergischen Land, wo eine liebe Dame schon vor langem eine private Initiative gestartet hat, um die Geiseln mit notwendigen Dingen zu versorgen. Dieses Mal kommen neben Nahrungsmitteln auch Toilettenartikel und Medikamente, mit viel Umsicht zusammengestellt.

Suraya hat auch eine Botschaft für uns: Die Frauen sollen in fünf Tagen, die Männer in zehn Tagen entlassen werden. Das wäre für uns auszuhalten, denken wir, wenn man sich nur darauf verlassen könnte...

Da die Kommunikation mit Suraya sehr schwer ist, sie spricht kein Englisch und wir kein Taosog, können wir sie auch nicht fragen, in wessen Auftrag sie uns die Ankündigung macht. Ist das nur ihre private Meinung? Ich schreibe noch drei Briefe, denn morgen will ja Ricky wiederkommen. Journalisten waren meist unsere verlässlichsten Briefboten.

Sonntag, 27. August. Wir gönnen uns ein schönes Frühstück, die Pakete machen es möglich. In der Hängematte lese ich den Roman zu Ende. Nach dem Mittagessen diskutieren Marc und ich beim Tee die von Suraya angekündigten Entlassungstermine. Ist das realistisch? Ich bin zuversichtlich. Warum sollte sie uns das sonst sagen? Und: War es nicht vor einer Woche auch schon so weit? Marc bleibt vor dem Hintergrund der zahlreichen Enttäuschungen eher skeptisch. Es kann immer etwas dazwischenkommen, wie vor einer Woche. Hat es überhaupt schon wieder neue Verhandlungen gegeben? Was ist mit der »neuen Strategie« der Regierungsseite, von der Ricky sprach? Wo ist Ricky eigentlich? Wollte er uns nicht heute wieder besuchen?

Plötzlich Motorengeräusche, die sich nähern. Es ist ein Wagen gekommen, der Motor wird abgestellt, aber niemand reagiert. Das hatten wir gestern auch schon. Bloß nicht schon wieder Hoffnung aufkeimen lassen, die dann doch wieder enttäuscht wird. Cool bleiben! Doch dieses Mal kommen außer Robot und seiner Leibgarde auch Ricky und ein weiterer Journalist mit einer kleinen Videokamera – und zwei uns schon von Renates Entlassung her bekannte Unterhändler Aventajados. Was hat das zu bedeuten? Freilassung?

Ohne Umschweife spricht mich Robot an: »Are you prepared to be released?« Das englische »you« lässt viele Möglichkeiten offen, es kann Singular oder Plural sein. Was meint er? Mich? Uns? Wie viele? Deshalb antworte ich: »We are always prepared to be released.« Der Unterhändler wird deutlicher. »Five of you go out today: three women, one French journalist and Mr. Wallert.« Da Robot mich angesprochen hat, gehe ich davon aus, dass ich mit »Mr. Wallert« gemeint bin. Ich versuche zugunsten von Marc, der ja auch »Mr. Wallert« ist, zurückzutreten. »He has a longer life«, ist mein Argument. Robot spricht sich nicht spontan dagegen aus, der Unterhändler sagt aber klar: »I have my orders.«

Ich schaue Marc an. »Ist das okay, wenn ich gehe?« Wir hatten schon früher ausgemacht, dass jeder rausgeht, der die Chance dazu bekommt – auch wenn andere zurückbleiben müssen. Mit diesem Argument hatten wir auch Renate überzeugt. Natürlich fragen die anderen, wann sie denn dran seien. Callie soll morgen schon nachkommen, hier sei nur etwas dazwischengekommen. Für den Rest werde es noch zehn Tage dauern.

Dann muss es sehr schnell gehen. Wir haben nur wenige Minuten zum Packen. »Make faster«, drängelt der Unterhändler. Schnell ziehe ich noch die Joggingschuhe an, damit ich nicht in Gummistiefeln gehen muss. Die finden sofort einen neuen Besitzer. Marc und ich umarmen uns. Es muss schwer für ihn sein, als Letzter unserer Familie zurückzubleiben. Aber er lächelt tapfer. »Na klar ist das okay.«

Der Geländewagen blieb auf den schlammigen Dschungelpisten mehrfach stecken.

Die Zurückbleibenden begleiten uns zu den beiden Wagen. »Grandfather, bye-bye«, schallt es aus den kleinen Hütten der Bewacher, die mir immer beim Walking zusahen. Als »Auf Wiedersehen« möchte ich das aber nicht verstanden wissen. Mit dem Daumen nach oben als Zeichen der Zuversicht verabschiede ich mich von Marc. Ein letztes Winken, und schon sind unsere Wagen um die Kurve entschwunden. Trauer über das Zurücklassen und Aufregung über die bevorstehenden Stunden ergeben eine diffuse Gefühlsmischung.

Wir fahren in die Nähe des Lagers der Franzosen. Nach einer halben Stunde stößt die Journalistin Maryse zu uns. Sie ist genauso überrascht worden wie wir. Nun geht es zum Highway. Mehrfach bleiben die Wagen auf den verschlammten Dschungelpisten stecken. Die Räder wühlen sich immer tiefer in die Spurrillen ein. Alle müssen absitzen, die Kämpfer und Unterhändler schieben. Etwa fünfundvierzig Minuten gehen so verloren. Aventajados Leute werden nervös. Der Zeitplan! Schließlich erreichen wir doch den Highway. Auf dem Platz vor der Grundschule herrscht eine fröhliche Festtagsstimmung. Hier wird gerade eine Hochzeit gefeiert.

Anders auf der Straße selbst. Hier ist die Stimmung nervös. Obwohl außer den Unterhändlern und den beiden Journalisten Robot und etliche Kämpfer uns begleiten, umkurven uns ständig Motocross-Motorräder mit bewaffneten Kämpfern, unter ihnen Mujib. Sie befürchten wohl Störungen der Freilassung, eventuell Übergriffe anderer Gruppen.

In Schlangenlinien geht es in Richtung Jolo. Alle paar Meter ist die Hälfte der Fahrbahn durch große Gesteinsbrocken blockiert. Diese primitiven Straßensperren sollen vermutlich das schnelle Vordringen von Militärfahrzeugen in das von der Abu Sayyaf kontrollierte Moro-Territorium erschweren. Während der Fahrt versucht einer der Unterhändler erkennbar bei Robot zu punkten. »He is my friend«, versichert er und umarmt ihn demonstrativ.

Nach wenigen Kilometern sind wir am Checkpoint der Abu Sayyaf. Außer den fünf Geiseln bleiben nur der Taxifahrer, die Unterhändler und die beiden Journalisten an Bord. Robot und Mujib machen es uns leicht und versuchen keine Verabschiedung, schauen uns auch nicht an.

Nach hundert Metern Niemandsland sind wir in einer anderen Welt. Dies ist der Checkpoint der Armee. Wir sind in Sicherheit, aber wir haben alle jemanden zurücklassen müssen. Wir werden in ein kleines abgesperrtes Areal neben der Straße gefahren und sind sofort von zahlreichen Journalisten umringt. Ein unglaubliches Gedränge. Viele haben Handys am Ohr und berichten live, wie viele Geiseln auf dem Wagen sind und um wen es sich handelt. Andere filmen, fotografieren oder versuchen ein erstes Interview. Durch die Rücklehne des offenen Wagens wird mir ein kleiner Kassettenrekorder entgegengestreckt. »What are your feelings having left behind your son?« Meine Antwort »You can't expect me to be happy« findet sich am folgenden Tag in vielen Zeitungen.

Aventajado und Azzarouk begrüßen uns, und dann geht es in einem geschlossenen Wagen zum Hauptquartier des Militärs. Aventajado meldet per Handy dem Präsidenten Vollzug. Außer »Mr. President...« kann ich nichts verstehen, denn sie sprechen vermutlich Tagalog. Dann fragt er mich nach meiner Stimmungslage. Ich denke an den zurückgebliebenen Marc und antworte »ambiguous« (zwiespältig). Er ist etwas eingeschnappt, weil er es auf die Länge der Geiselhaft bezieht und meine Antwort als Kritik versteht. Ich erläutere, dass ich zugleich erleichtert und besorgt bin.

Im Armeehauptquartier geht es an einer Startbahn mit einem kleinen Jet vorbei. Stolz erklärt mir Aventajado, das sei seine Maschine, mit der er innerhalb von zwei Stunden aus Manila hier sein könne, wenn er gebraucht würde.

Nach wenigen Minuten in einem vor der Presse abgeschirmten Zimmer gehen wir zu drei startbereiten Hubschraubern der Armee. Sie sind an den Seiten offen. Hinter uns sitzen zwei Soldaten an Maschinengewehren, um so den Flug zu sichern. Vor mir sitzt Aventajado, rechts von mir Azzarouk und links von mir Aventajados Bodyguard, der in einer Art größerer Umhängetasche stets eine kurze Maschinenpistole einsatzbereit hat, wenn er einen Meter hinter seinem Chef geht.

Knatternd heben wir ab. Voraus fliegt ein Hubschrauber mit Soldaten, dann folgen in zwei weiteren Hubschraubern die Geiseln und ihre Begleitung. Aus dem offenen Hubschrauber fällt der Blick auf die Insel Jolo. Tropisch grün und friedlich sieht sie von hier oben aus, von Vulkankegeln gekrönt, gesäumt von hellen Stränden und smaragdgrünen Küstenbereichen. Die ganze Schönheit der Landesnatur wird zum ersten Mal im Überblick sichtbar. Die Hölle der zerrissenen gesellschaftlichen und politischen Verhältnisse, die dort unten allgegenwärtige Gefahr sieht man aus der Höhe nicht.

Im Gespräch bezeichnet Dr. Azzarouk die Verhandlungen um unsere Freilassung als die schwierigsten seines Lebens. Nach einer Stunde Flugzeit, an Basilan vorbei, landen wir in Zamboanga auf Mindanao. Hier warten die Botschafter und ihre Mitarbeiter auf die freigelassenen Geiseln. Über ein Handy kann ich kurz Renate anrufen. Sie wusste von meiner bevorstehenden Freilassung eher als ich und ist dankbar, dass es dieses Mal auch wirklich geklappt hat. Natürlich fragt sie gleich, wie es Marc beim Abschied ging und wie seine Chancen stehen. Ich kann ihr auch nicht mehr sagen als das, was ich von den Unterhändlern und den Verhandlungsführern erfahren habe. Alle geben sich absolut zuversichtlich, dass binnen der genannten zehn Tage auch die restlichen Sipadan-Geiseln freikommen.

Durch ein Spalier von Medienvertretern geht es zu einer Transportmaschine der Luftwaffe, die uns nach Cebu auf den Zentralphilippinen bringt. Dort wartet eine libysche Maschine, mit der es weiter nach Tripolis gehen soll. Die Startbahn in Zamboanga ist für diese Maschine zu kurz, deshalb dieser Umweg. An Bord der Transportmaschine werden wir mit Softdrinks und Pizza bewirtet.

Mit dem deutschen Botschafter in Manila tausche ich einige Erfahrungen der letzten Monate aus. Wir haben naturgemäß ganz unterschiedliche Sichtweisen: Er hat die Geiselnahme aus der Außensicht wahrgenommen, wir Geiseln verfügen nur über die Binnensicht. Vieles von dem, was sich hinter den Kulissen abspielte, haben wir nur in Ansätzen wahrnehmen können. In groben Umrissen wird in diesem Gespräch deutlich, welch riesiger diplomatischer Apparat da in unserer Sache tätig war. Dr. Göttelmann betont die unvergleichliche Dramatik des ganzen Geiseldramas. »Reichlich Stoff für einen Film«, sagt er scherzhaft. »Da braucht man nichts hinzuzutun.« Ich kann ihm da auch aus meiner Binnensicht nicht widersprechen.

Nach der Landung in Cebu bleibt zunächst offen, wann es weiter in Richtung Tripolis geht, aber dann wird entschieden, dass wir für eine Nacht in Cebu bleiben. Es soll noch auf Callie gewartet werden, der ja morgen entlassen werden soll. Wir übernachten auf der Air Base, um vor der Presse sicher zu sein. Die Diplomaten und Presseleute nächtigen im Hotel. Zwar sind die Zimmer im Luftwaffenstützpunkt militärisch spartanisch, aber welcher Qualitätssprung im Vergleich zu unseren Quartieren der letzten vier Monate! Das Schönste ist die Dusche. Genüsslich dusche ich mit warmen Wasser, ohne mit den Füßen im Schlamm zu stehen. Zum ersten Mal seit langem komme ich mir richtig sauber vor.

Die Botschaftsleute haben mir eine Tasche mit Kleidungsstücken aus unserem Sipadan-Gepäck mitgebracht. Das gesamte Gepäck hatten sie vor einer Woche dabei, als es dann aber nichts wurde. Dann musste das ganze Gepäck wieder zurück nach Manila. Dieses Mal haben sie den Ankündigungen offensichtlich nicht mehr so recht getraut, deshalb also nur kleines Reisegepäck. Als ich mir saubere Sachen anziehen will, entdecke ich, dass es überwiegend Marcs Sachen sind, die sie mir mitgebracht haben. Es stellt sich als Glücksfall heraus: Sie passen mir. Vor vier Monaten wäre das noch undenkbar gewesen. Aber ich habe fünfzehn Kilo abgenommen, und meine eigenen Hosen würden mir jetzt um die Hüften schlottern.

Die kurze Pause bis zum Dinner nutze ich noch, um einen neuen Film einzulegen. Leider transportiert meine kleine Kamera nicht mehr den Film zurück. Was tun? Ich knipse im Zimmer das Licht aus und krieche in einen Kleiderschrank. Dann schließe ich von innen die Schranktür, was gar nicht so einfach ist, und öffne die Kamera. Per Hand drehe ich den Film in die Filmpatrone zurück. Den neuen Film zieht die Kamera wieder brav ein.

Der stellvertretende Kommandeur der philippinischen Luftwaffe, ein Zwei-Sterne-General, lädt zum Dinner. Mit Rotwein stoßen wir auf die wiedergewonnene Freiheit an. Nach dem Essen komme ich mit dem General ins Gespräch. Er möchte viel von mir über unsere Geiselnehmer wissen, über die Zahl der Kämpfer, ihre Bewaffnung, die Standorte usw. Ich kann ihm nur wahrheitsgemäß antworten, dass wir aus unserer Binnensicht darüber keinerlei Informationen erlangen konnten. Wie sollen wir nach dem ganzen Marschieren durch die Insel wissen, wo wir zum Schluss waren? Ich bin sicher, er könnte mit viel detaillierteren Informationen aufwarten. Das tut er natürlich nicht. Sehr interessiert ist er an meinen Fotos, die ließen sich doch problemlos über Nacht entwickeln. Aber die rücke ich nicht heraus. Er bietet mir schließlich sogar »a beautiful girl« an. »No way«, lautet meine letzte Antwort.

Über meine Einschätzung der Angriffe Anfang Mai lasse ich ihn nicht im Unklaren. Er widerspricht mir nicht, er sagt einfach gar nichts. Das ganze Gespräch verläuft trotz unterschiedlicher Positionen in einer asiatisch harmonischen Atmosphäre. Zum Schluss verspricht er mir noch, bis Weihnachten den Kopf von Robot auf einem Silbertablett zu servieren. Es wird zweifelsfrei deutlich, dass das philippinische Militär in den Startlöchern steht und nur auf die Erlaubnis wartet, endlich zuschlagen zu können. So hatten wir es auch den Zeitungen entnommen. Beim Gedanken an Marc und unsere anderen Mitgeiseln wird mir schlecht bei dieser Perspektive.

Vor der Nachtruhe habe ich noch Gelegenheit, über ein libysches Handy Uli Rauß anzurufen und eine Botschaft an Marc aufzusprechen, da morgen schon wieder jemand ins Camp gehen soll. Jetzt erst wird mir richtig bewusst, dass ich vor einem halben Tag selbst noch dort war. Wieder einmal bin ich innerhalb von Stunden in eine völlig andere Welt eingetaucht.

15

Der erste Tag in Freiheit beginnt mit einem üppigen Frühstück auf der Air Base. Die Frau des Kommandeurs hat für uns Zeitungen mit Berichten über unsere Freilassung besorgen lassen. Sehr aufmerksam. Anschließend fragen mich der General und zwei weitere Mitarbeiter noch einmal zu Details über die Rebellen aus, die ich ihnen aber nicht liefern kann. Tunnels, Bunker, Raketenwerfer und dergleichen haben wir nie gesehen. Folglich endet die Befragung ähnlich ergebnislos wie am Vortag. Danach besteht die Möglichkeit, die Haare schneiden zu

In den Tageszeitungen konnten wir die Bilder unserer Freilassung am Vortag anschauen.

155

Dr. Azzarouk schneidet seine Geburtstagstorte an. Jeder bekam ein Stück ab.

lassen, wovon ich gern Gebrauch mache. Den Bart lasse ich mir nicht stutzen. Das soll bis zu Marcs Freilassung der ungepflegte Geiselbart bleiben.

Vor dem Mittagessen möchte ich dann noch etwas Walking machen. Da wir aber auf dem Luftwaffenstützpunkt sind, brauche ich auch hier zwei Begleiter. Nach dem Mittagessen werden wir zum VIP-Raum des Stützpunkts gebracht. Dort gebe ich dem ZDF und Sat 1 ein Interview, denn diese beiden Teams hatten eine Erlaubnis für die Air Base bekommen. Anschließend kann ich noch einmal mit Renate telefonieren, die inzwischen wieder bei Freunden wohnt, da unser Wohnhaus nach der Meldung über meine Freilassung sofort wieder von der Presse umlagert wird.

Im Nebenraum wird für Dr. Azzarouk eine kleine Geburtstagsfeier veranstaltet. Unter dem Beifall aller schneidet er seine fast einen Quadratmeter große Geburtstorte an. Doch auch an

Der libysche Vermittler Dr. Azzarouk (rechts) im vertraulichen Gespräch mit dem philippinischen Chefunterhändler Aventajado.

seinem Geburtstag muss er arbeiten. Mit Aventajado tauscht er noch aktuelle Informationen aus oder bespricht das weitere Vorgehen. »Hoffentlich holen sie Marc bald heraus«, denke ich.

Wenig später können die beiden Verhandlungsführer einen weiteren Teilerfolg verbuchen: Der Südafrikaner Callie ist wie versprochen heute freigelassen worden und wird von seiner Frau Monique auf dem Flugplatz in Empfang genommen. Ich sehe darin ein gutes Zeichen, dass die gestern angekündigte Freilassung von Callie auch so realisiert werden konnte und hoffe, dass die Ankündigung für die Freilassung der restlichen Geiseln in zehn Tagen dann genau so korrekt umgesetzt werden kann.

Auf der Rollbahn steht inzwischen die libysche Sondermaschine bereit, die unsere Gruppe aus inzwischen sechs befreiten Geiseln nach Tripolis bringen soll. Die Maschine, eine russische Iljuschin, wurde früher von Boris Jelzin genutzt, und

Die Militärkapelle der philippinischen Luftwaffe probt noch einmal vor der libyschen Iljuschin.

158

Interview mit dem libyschen Fernsehen vor einem Porträt von Muammer Al Ghadafi.

gehört jetzt der libyschen Staatsführung. Die Militärkapelle ist zu einer kleinen Generalprobe angetreten, der rote Teppich ist ausgerollt, wir werden behandelt wie Staatsgäste. Ist das gerechtfertigt?

Am roten Teppich stehen Luftwaffensoldaten Spalier, als wir an Bord gehen. Das Bläserblech schmettert, Luftballons steigen auf, als der Kommandeur und Aventajado uns an der Gangway verabschieden. Er wünscht sich ein Exemplar meines Buches und lädt uns zum Wiederkommen ein. Das ist mit meiner momentanen Gefühlslage nicht vereinbar. Zu sehr ist unser Philippinen-Bild von Jolo geprägt.

An Bord der Präsidentenmaschine lassen wir uns im gelben Salon nieder. Es ist auch ein libysches Kamerateam dabei, das reihum Interviews mit den befreiten Geiseln aufnimmt. Gut

Erinnerungsfoto mit Dr. Azzarouk, dem wir unsere Freiheit zu verdanken haben.

neun Stunden werden wir jetzt unterwegs sein bis zu einem Zwischenstopp im Scheichtum Ras al Khaima, das zu den Vereinigten Arabischen Emiraten gehört. Jetzt kommt zum ersten Mal nach der Freilassung so etwas wie Ruhe auf, Zeit für Gespräche und Fotos, unter anderem mit Dr. Azzarouk, dem wir unsere Freiheit zu verdanken haben.

Uns wird angeboten, von Bord aus zu telefonieren. Als wir uns der Ostküste Indiens nähern, rufe ich Dirk an und erreiche ihn über sein Handy in einem Polizeiauto, das gerade mit Blaulicht über die Autobahn fährt, um ihn noch rechtzeitig zum Flughafen Köln-Wahn zu bringen, wo er die Maschine der Flugbereitschaft erreichen muss, mit der ein Staatsminister des Auswärtigen Amtes nach Tripolis fliegen soll, um mich abzuholen. Diese Möglichkeiten wahrhaft globaler und mobiler Kommunikation beeindrucken mich. Dirk berichtet, dass er schon ein

160

Tape von Marc gehört hat, in der dieser als Antwort auf die gestern von mir aufgesprochene Botschaft sich zuversichtlich bezüglich seiner bevorstehenden Freilassung zeigt. Während der zweiten Hälfte des Flugs versuche ich, auf einer Sitzbank des Salons ein wenig Schlaf zu finden.

Gegen 23.00 Uhr Ortszeit landen wir in Ras al Khaima. Auch zu dieser späten Stunde warten im Flughafengebäude die Medien auf uns. Wir werden mit Kardamomkaffee und Säften bewirtet und bekommen ein Gastgeschenk der Regierung des Scheichtums. Gegen Mitternacht geht es für fünf Stunden in ein Hotel.

Dienstag, 29. August. Nach drei Stunden Schlaf können wir im Hotelrestaurant ein opulentes Frühstück einnehmen. Dann geht es zurück zum Flughafen. Auf der Fahrt dorthin bekommen wir im Morgengrauen einen sehr knappen Eindruck von diesem kleinen Land. Erkennbar ist der Weg zur Moderne, auf dem sich das Scheichtum befindet.

Gute fünf Stunden Flug sind es noch bis nach Tripolis. Callie spricht mich an, ob ich nicht die Dankesworte für die Geiselgruppe in Tripolis übernehmen kann. Ich sage zu und mache mich daran, einen entsprechenden englischen Text zu formulieren, den ich dann mit Callie durchgehe. Eine protokollarische Schwierigkeit taucht auf: Wie spricht man Ghadafi senior korrekt an? Das kann mir auch keiner der vielen Libyer an Bord beantworten. Sie wissen auch noch nicht viel über die Zeremonie, die uns dort erwartet. Wir bekommen neue, farbige T-Shirts der Ghadafi Foundation ausgehändigt mit der Bitte, diese in Tripolis zu tragen.

Dort angekommen, werden wir an der Gangway von unseren diplomatischen Vertretern und Angehörigen erwartet. Als Erster begrüßt mich Staatsminister Zöpel als ranghöchster Vertreter des Auswärtigen Amtes, dann der Asienexperte Dr. Sommer, der vor allem mit unserem Fall betraut war. Dann kann ich Dirk in die Arme fallen und ihm zum ersten Mal persönlich für sein hervorragendes familiäres Krisenmanagement danken. Er hat viel aushalten müssen in diesen vier Monaten.

Mit den Wagen der deutschen Botschaft fahren wir zum Kronprinzenpalais in Tripolis, wo wir in einem Empfangssaal lange herumsitzen. Keiner weiß so recht, warum. Später stellt sich heraus, dass wir auf die Ankunft der südafrikanischen Außenministerin warten, die an der Zeremonie teilnehmen soll. So ergibt sich die Gelegenheit, den BND-Präsidenten Dr. Hanning kennen zu lernen, der mit der libyschen Seite verhandelt hat und jetzt auch zu weiteren Gesprächen hier weilt. Dann können wir in einem Bankettsaal des Palais noch ein verspätetes Frühstück einnehmen, ehe es in einer langen Wagenkolonne zur schwer gesicherten Kaserne geht, in der das legendäre Beduinenzelt von Muammer Al Ghadafi steht. Mittlerweile habe ich auch herausgefunden, wie man ihn korrekt anspricht: Colonel Ghadafi, also mit seinem militärischen Rang, da er offiziell kein politisches Amt bekleidet.

Vor dem 1986 durch amerikanische Luftangriffe zerstörten Wohnhaus Ghadafis ist eine kleine Bühne aufgebaut worden mit sechs großen Sesseln für die freigelassenen Geiseln. Vor der Bühne drängelt sich die internationale Presse. Dahinter nehmen auf etlichen überdachten Stuhlreihen die übrigen Gäste der Zeremonie Platz. In einer kurzen Ansprache werden wir im Namen der Ghadafi Foundation begrüßt, dann bedanken sich die Diplomaten in kurzen Ansprachen bei den Libyern für ihre erfolgreichen Bemühungen für unsere Freilassung. Zum Schluss spreche ich den Libyern unseren tief empfundenen Dank für ihre Verdienste um unsere Freiheit aus. Dabei stelle ich besonders die zentrale Rolle von Dr. Azzarouk heraus und betone unsere Zuversicht, dass es ihm auch gelingen wird, die restlichen Geiseln noch freizubekommen. Dann werden wir Geiseln symbolisch den Diplomaten der jeweiligen Länder übergeben. Anschließend werden wir durch das zerstörte Haus geführt und tragen uns dort in ein Besucherbuch ein. Anschließend geben Staatsminister Zöpel und ich noch ein Interview für zwei deutsche Fernsehsender.

Mehrfach werde ich von deutschen Reportern auf das Ghadafi-T-Shirt angesprochen, das ich trage, und darauf, wie ich mich denn so fühle auf einer solchen Propagandaveranstaltung. In meiner Antwort lasse ich keinen Zweifel daran, dass wir unsere Freiheit dem diplomatischen und finanziellen Engagement der Libyer verdanken und ich deshalb überhaupt keine Probleme damit habe, nun meinerseits für sie ein Stück Öffentlichkeitsarbeit zu machen. Jedermann weiß, dass die Rolle Libyens in der internationalen Staatengemeinschaft in der Ver-

Staatsminister Zöpel erläuterte gegenüber der Presse die deutsch-libyschen Beziehungen.

gangenheit nicht unproblematisch war. Jetzt aber zählt, dass es ernsthafte und erfolgreiche Schritte der Libyer gibt, aus dieser Ecke herauszukommen. Ihr Engagement in unserer Sache ist einer dieser Schritte. Und jemanden auf dem richtigen Weg zu unterstützen, kann nicht falsch sein.

Mit den Wagen fahren wir dann in das Hotel, wo die Diplomaten genächtigt haben und nun ihr Gepäck abholen; dann geht es am späten Nachmittag zum Flughafen. Dort wartet ein kleiner Jet der Flugbereitschaft mit zwölf Sitzplätzen, um mich nach Hannover und die Politiker dann weiter nach Berlin zu bringen. An Bord gibt es zum ersten Mal deutsches Essen: Würstchen, Kartoffelsalat und ein deutsches Bier. Welch ein Genuss! Gut drei Stunden Flug sind es bis Hannover, Zeit genug für einen sehr interessanten Informations- und Meinungsaustausch mit den Angehörigen des Auswärtigen Amtes.

Es ist bereits dunkel, als wir in Hannover landen. Schon beim Ausrollen sehe ich, dass ein ganzer Hangar des Flughafens zum Außenstudio umfunktioniert wurde: Kameras, Scheinwerfer, Fotografen. Der niedersächsische Ministerpräsident Gabriel und Minister Oppermann heißen mich noch in der Maschine willkommen. Das ist ein unerwartet großer Bahnhof zu dieser späten Stunde. Der Ministerpräsident fragt mich, ob ich denn etwas zur Presse sagen möchte. Vor den ganzen Kamerateams ist ein Rednerpult aufgebaut. Ich sage ihm, dass ich zwar nichts vorbereitet habe, dass man aber bei so viel Aufwand die Medien nicht enttäuschen könne. Also sage ich nach dem Grußwort des Ministerpräsidenten ein paar Sätze, und schon geht es in einem BGS-Hubschrauber weiter nach Göttingen. Minister Oppermann begleitet mich freundlicherweise. Bei der Landung am Göttinger Klinikum läuft das Gleiche noch einmal in etwas abgespeckter Form ab. Hier begrüßen mich der Göttinger Oberbürgermeister Danielowski und meine Schulleiterin.

Es ist fast dreiundzwanzig Uhr, als ich in einem Untersuchungszimmer meine Frau Renate in die Arme schließen kann.

Ich kann die Ärzte davon überzeugen, dass ich kein akuter Fall bin und dass der unvermeidliche mehrstündige Gesundheitscheck auch in ihrem Sinn wohl besser morgen stattfindet. Mit Hilfe der Polizei gelingt es uns, der Presse zu entwischen, und für zwei Tage kriechen wir bei Freunden unter, denn unser Haus wird von den Medien belagert.

Da das nach zwei Tagen immer noch so ist, entschließen wir uns nach Absprache mit dem Pressesprecher der Polizei zur Flucht nach vorn: Wir kündigen die Rückkehr in unser Haus offiziell an. Entsprechend groß ist dann der Presseauftrieb am 1. September. Aber danach, so denken wir, haben wir dann endlich Ruhe.

Die Straße vor unserem Haus war tagelang ein Außenstudio der Fernsehanstalten.

Dem ist aber nicht so. Die Medienvertreter bleiben in größerer Zahl vor dem Haus postiert, sie erwarten Marcs Rückkehr. Wir natürlich auch. Doch zunächst einmal muss Dr. Azzarouk wieder auf die Philippinen zurückkehren und wahrscheinlich neue Verhandlungen für die restlichen Geiseln aufnehmen. Wir richten uns darauf ein, dass es noch ein paar Tage dauern wird, bis Marc freigelassen wird. So war es ja auf den Philippinen angekündigt worden.

Am Abend nehmen wir zum ersten Mal an der Fürbittandacht teil, die seit unserer Entführung an jedem Wochentag in unserer Stephanus-Gemeinde stattgefunden hat. Wir waren überwältigt von so viel Solidarität, als wir davon in Gefangenschaft durch einen Brief erfuhren. Jetzt können wir den ersten Teilnehmern an diesen Andachten für ihre wertvolle Unterstützung persönlich danken.

Da die gesundheitliche Generaluntersuchung im Klinikum zur Zufriedenheit der Ärzte ausgefallen ist, nehme ich am 4. September meinen Dienst in der Schule wieder auf. So schnell wie möglich zurück in die Normalität zu gehen, scheint mir die geeignete Therapie zu sein. Aber es ist natürlich nicht die volle Normalität. Das merkt man schon daran, dass mich sowohl vor unserem Haus wie auch vor der Schule die Medien wieder erwarten. Und außerdem habe ich auch im Unterricht mein Handy an, falls wichtige Informationen über die erwartete Freilassung von Marc vom Bundeskriminalamt kommen sollten. Und um Marc kreisen natürlich ständig unsere Gedanken. Aber wenn wir nur zu Hause herumsitzen, würde ihm das auch nicht weiter helfen. Deshalb ist dieser Schritt zurück in die Normalität richtig.

Am 7. September erreicht uns die Nachricht, dass mit der Freilassung der restlichen Geiseln für den kommenden Tag zu rechnen ist. Wir sind sehr glücklich. Also kann man sich doch noch auf eine Ankündigung der Unterhändler verlassen. Auf verschiedenen Wegen besorge ich mir die Handynummern der Chefunterhändler. Tatsächlich bekomme ich Aventajado an den Apparat. Ich bedanke mich für die bisher erreichten Erfolge und gebe meiner Hoffnung Ausdruck, dass er nun auch Marc freibekommt. Auf den morgigen Tag bezogen frage ich ihn: »Sind Sie zuversichtlich?« Er antwortet: »Sehr sogar.« (»Are you confident?« – »Very much so.«) Dann bricht die Leitung ab. Anschließend spreche ich mit dem Assistenten von Azzarouk. Ich danke Mohammad Ismael für die zentrale Rolle, die Dr. Azzarouk und er bei den Verhandlungen gespielt haben. Dann frage ich ihn, wann mit Marcs Freilassung zu rechnen sei. Seine Antwort: »Sie haben mein Wort. Wir bringen ihn morgen raus.« (»You have my word. We bring him out tomorrow.«)

Ständig gucken wir am Freitag n-tv, ob es etwas Neues gibt. Eine andere Informationsquelle sind aktuelle Schlagzeilen im Internet, die alle halbe Stunde aktualisiert werden. Am Nachmittag dieses Freitags dann die große Enttäuschung. Es hat nicht geklappt! Um achtzehn Uhr gehen wir wieder in die Fürbittandacht. Natürlich werden wir darauf angesprochen. Aber wir lassen uns in unserer Zuversicht nicht erschüttern. Irgendwie habe ich das feste Gefühl, dass es sehr bald zu einem guten Ende kommen wird.

Samstag, der 9. September, wird zum dramatischsten Morgen, den wir je erlebt haben. Ich habe mein angeschaltetes Handy mit ins Schlafzimmer genommen, für den Fall der Fälle. Und tatsächlich, um 6.30 Uhr reißt uns das Handy aus dem Schlaf. Ein Vertreter der Verhandlungsgruppe der Bezirksregierung, die in Entführungsfällen die Angehörigenbetreuung übernimmt, gibt eine bestätigte Meldung des Krisenstabs im Auswärtigen Amt weiter. Es ist zu einem Zwischenfall gekommen. In der Nähe des Camps hat eine Schießerei stattgefunden.

Mujib soll tot sein, Robot verletzt. Über den Zustand der Geiseln sei nichts bekannt. Man bedaure sehr, uns dies mitteilen zu müssen, wolle aber nicht, dass uns die Nachricht unvorbereitet aus dem Radiowecker erreiche.

Das finden wir absolut richtig, dennoch löst die Nachricht Panik bei uns aus. Wir sind völlig verzweifelt. Gedanken rasen durch unsere Köpfe. »Jetzt, so kurz vor dem absehbaren guten Ende die Katastrophe? Was ist mit Marc und den anderen Geiseln? Warum greift die Armee an? Wie sollen die Verhandlungen weitergehen, wenn die Rebellenanführer ausfallen? Sind jetzt alle in der Hand der Furcht einflößenden Basilan-Rebellen?«

Wir rufen Dirk an. In seiner bewundernswerten, ruhigen Art kann er uns selbst in dieser schrecklichen Situation wieder etwas Hoffnung geben. Er verweist darauf, dass er früher einmal sogar bestätigte Meldungen über Renates Tod aus der gleichen, quasi amtlichen Quelle erhalten habe und viele Stunden mit dieser Meldung leben musste, ehe sich herausstellte, dass sie unzutreffend war. Er sagt, er sei sicher, dass Marc nichts passiert ist, wir sollen nur nicht die Hoffnung auf ein gutes Ende aufgeben. Wir fühlen, wie uns seine Worte ruhiger werden lassen. Wir finden im Gebet die Kraft, weiter an einen glücklichen Ausgang zu glauben.

Zwei Stunden lang rennen wir zwischen einem Fernseher, in dem Nachrichtensender laufen, einem zweiten Gerät, in dem Videotext läuft, und dem Computer mit den Yahoo-Schlagzeilen aus dem Internet hin und her, immer auf der Suche nach näheren Informationen. Dazwischen erreichen uns weitere Anrufe der Verhandlungsgruppe. Es deutet sich an, dass es sich um keinen Angriff der Armee handelt, sondern um eine Schießerei zwischen verschiedenen Fraktionen der Abu Sayyaf.

Gegen acht Uhr versuche ich mehrfach, Dr. Azzarouk telefonisch zu erreichen. Vergebens. Nach einer weiteren Stunde taucht in den Meldungen zunehmend die Nachricht über eine Freilassung der Geiseln auf. Hoffnung kommt auf. Statt eines ernsten Zwischenfalls nun doch das gute Ende? Um 9.30 Uhr ruft Außenminister Fischer an: »Zu neunzig Prozent« könnten wir mit einer erfolgten Freilassung von Marc rechnen. Das ist eine wunderbare Nachricht.

Dann um 9.50 Uhr die Erlösung aus der quälenden Ungewissheit: Marc ruft aus der Provinzhauptstadt Jolo an. Er ist frei. Die Unterhändler seien beschossen worden, man sei geflüchtet. Die Geiseln hätten viel von ihrem Gepäck zurücklassen müssen. Sie seien noch in eine andere Hütte verlegt worden. Nach einigen Stunden des qualvollen Wartens seien sie dann plötzlich freigelassen worden, wobei es noch Diskussionen zwischen den Unterhändlern von Aventajado und Robot um die Zahl der Freizulassenden gegeben habe. Für ihn selbst sei es denkbar knapp gewesen. Wir weinen vor Freude und Dankbarkeit. Der schrecklichste Morgen ist zum schönsten Vormittag unseres Lebens geworden.

Die Telefone stehen an diesem Tag nicht mehr still. Zahllose Interviewwünsche von Agenturen und Radiostationen, dazwischen private Glückwünsche. Die Interviewwünsche wimmle ich alle ab, die können wir nicht alle bedienen. Aus dem Haus können wir auch nicht. Die Zahl der Medienvertreter nimmt von Stunde zu Stunde zu. Kameras werden in Position gebracht.

Am Sonntag gehen wir in die nur sechs Gehminuten entfernte Stephanuskirche. Erwartungsgemäß wird das zu einem Spießrutenlauf durch den Pulk der Medienvertreter. Vor unserem Haus sage ich in die entgegengereckten Mikrofone, dass wir überglücklich sind und nun in die Kirche gehen, um Gott zu danken, dass das letzte Familienmitglied nun in Sicherheit und Freiheit ist. Trotzdem verfolgen uns sechs Kamerateams auf dem Weg zur Kirche. Die Kameramänner stolpern rückwärts gehend vor uns her. Wir finden das ziemlich bizarr. Vor der Kirche stehen weitere zehn Kamerateams und zahlreiche Fotografen. Ich entschuldige mich am Eingang beim Pastor für diesen Medienrummel. Am Nachmittag wird viel ferngesehen. Auf allen Sendern laufen die Bilder der freigelassenen Geiseln. Es ist herrlich, unseren Sohn glücklich und in Freiheit zu sehen.

Am Montag erhalten wir die Mitteilung, dass sich Marcs Rückkehr doch noch um einen Tag verzögern werde. Morgen soll er aus Tripolis kommen. Wir haben uns darauf geeinigt, dass Dirk ihn dort als Begleiter eines Vertreters des Auswärtigen Amtes abholt. Unklar ist noch, ob und wann der Außenminister persönlich nach Tripolis fliegt und wann Marc in Deutschland ankommen wird.

Am Nachmittag gehen Renate und ich zum ersten Mal wieder in Göttingen einkaufen. Inzwischen steht fest, dass es übermorgen eine Fernsehaufzeichnung mit Johannes B. Kerner und einen Empfang durch die Stadt Göttingen im Alten Rathaus geben wird. Wir müssen uns dafür neu einkleiden, denn wir haben deutlich an Gewicht verloren und können die alten Sachen nur noch zu Hause tragen. Auf dem Weg in die Innenstadt erkennen uns eine ganze Reihe von Passanten und beglückwünschen uns zur Freilassung von Marc.

Am Dienstagvormittag kommt Herr Kerner zu einem kurzen Vorgespräch für die Sendung am Mittwoch vorbei. Wir haben sofort einen guten Draht zu ihm. Das Gespräch muss am frühen Morgen in Hamburg aufgezeichnet werden, da Herr Kerner noch am Vormittag nach Sydney abfliegen muss, um von dort über die Olympischen Spiele zu berichten.

Am Nachmittag fahren wir mit einem Zivilfahrzeug der Polizei nach Hannover, um Marc und Dirk abzuholen. Während der Fahrt habe ich etwas Zeit, um ein paar Sätze des Dankes für den morgigen Empfang durch die Stadt Göttingen zu formulieren. Am Flughafen Hannover ist die Szene ähnlich wie bei meiner Ankunft. Im Hangar warten die Pressevertreter. Auch Ministerpräsident Gabriel und Minister Oppermann sind zu Marcs Begrüßung gekommen.

Dann rollt der kleine Jet vor dem Hangar aus. Marc kommt in Begleitung von Staatsminister Volmer. Als sie dem Jet entsteigen, gibt es für Renate kein Halten mehr. Strahlend läuft sie Marc entgegen und schließt ihn in die Arme. Minuten später stellt sich eine seit fünf Monaten erstmals wieder komplette Familie den Pressevertretern für das Familienfoto.

Nach kurzen Statements geht es dann mit dem Polizeifahrzeug nach Göttingen. Auf der Fahrt berichtet uns Marc, wie extrem knapp es für ihn geworden war. Robot wollte ihn als Einzigen als menschliches Schild zurückbehalten. Erst die entschiedene Intervention der Unterhändler Aventajados ermöglichte seine Freilassung.

In Göttingen wartet vor unserem Haus noch einmal ein großes Presseaufgebot. Als wir gegen 21.00 Uhr eintreffen, ist unsere Wohnstraße fast taghell ausgeleuchtet. Noch einmal Statements, noch einmal Familienfotos, dann können wir uns ins Haus zurückziehen. Für unsere Familie ist die Entführung abgeschlossen, andere Geiseln sind noch in der Gewalt der Abu Sayyaf.

Eine Woche danach greift die Armee mit schweren Waffen auf Jolo an. Später können die beiden französischen Journalisten und die zwölf Mitglieder der Jesus Miracle Crusaders entkommen, aber auch das ist noch nicht der endgültige Schlussstrich unter das Geiseldrama. Wird es ihn je geben?

Rückblick

»Horror im Tropenparadies« ist der Titel dieses Buches. Wir haben die Monate unserer Geiselhaft genau so empfunden: Wir erlebten die Natur als tropisches Paradies, obwohl wir nicht die ganze Insel gesehen haben. Die gesellschaftlichen Verhältnisse kann man – zumindest aus europäischer Sicht – nur als Horrorgesellschaft bezeichnen. Und als Horror empfanden wir auch große Teile unserer Gefangenschaft.

In diesem Rückblick möchte ich zusammenfassend die Landesnatur der Insel Jolo, die gesellschaftlichen Verhältnisse, den historischen Hintergrund des Konflikts und letztlich auch unserer Geiselnahme, unser Verhältnis zur Gruppe Abu Sayyaf und unsere Strategien der Problembewältigung darlegen.

Zuerst also etwas Geographie. Die knapp 900 Quadratkilometer große Insel Jolo liegt auf sechs Grad nördlicher Breite und damit in den inneren Tropen. Deshalb gibt es hier nicht die uns geläufigen Jahreszeiten Sommer und Winter, sondern das ganze Jahr über steht die Sonne mittags hoch über dem Himmel und sorgt für tropisch hohe Temperaturen in allen Monaten. Die Mittelwerte schwanken nur zwischen 26 und 28 Grad. Auch die Niederschläge sind ganzjährig hoch mit Maxima im Mai (236 mm) und Oktober (193 mm). Etwas niedriger (100–140 mm) sind sie in den ersten vier Monaten des Jahres. In den Sommermonaten der Nordhalbkugel lässt die starke Erhitzung durch die steil einstrahlende Sonne die so genannten Zenitalregen entstehen, benannt nach dem senkrechten Sonnenstand zur Mittagszeit. Die tropischen Gewitter entladen sich dann überwiegend am frühen Nachmittag. Sie treten aber auch nachts auf, wie wir leidend erfahren haben, wenn es in den Camps durch unser Plastikplanendach tropfte und Aufwischen statt Schlafen angesagt war.

Ein anderes wichtiges geographisches Merkmal ist, dass Jolo eine Vulkaninsel ist. Ihre meist nur wenige hundert Meter hohen Berge sind erloschene Vulkane, die man an ihrer oft klar ausgeprägten Kegelform erkennen kann. Der höchste Berg erreicht eine Höhe von 785 Metern. Auch die Böden der Insel sind aus vulkanischem Gestein entstanden und deshalb sehr fruchtbar. Die gesamte Inselwelt der Philippinen ist vulkanischen Ursprungs, weil hier zwei Platten der festen Erdkruste aufeinander stoßen. Von Osten bewegt sich die Philippinen-Platte auf die Eurasiatische Platte zu – nur Zentimeter im Jahr, doch das hat große Auswirkungen. Vulkanismus und häufige Erdbeben sind die Folgen dieses Sachverhalts.

Das warme, feuchte Klima und die vulkanischen Böden sind die natürlichen Grundlagen dieses Tropenparadieses. Hier gedeiht alles. Der ursprüngliche tropische Regenwald ist auf winzige Reste zusammengeschmolzen. Kokospalmenhaine, Bananenpflanzungen, Kaffeeplantagen und Bergreisfelder prägen das Landschaftsbild. Dazwischen wachsen tropische Früchte wie Papaya, Mangos und Ananas.

Während die natürliche Vegetation weitgehend in eine Kulturlandschaft umgewandelt wurde, ist von der ursprünglichen Fauna noch einiges vorhanden. Besonders haben uns die großen Schmetterlinge beeindruckt. Ebenso die vielfältige Vogelwelt, deren vielstimmiges Gezwitscher morgens zu hören war. Darunter waren den Kolibris ähnliche Kleinvögel, Papageien und »King Fisher«, die Eisvögeln ähneln. Auch »fliegende Hunde«, die großen Verwandten unserer Fledermäuse, belebten oft den abendlichen Himmel. Mehrfach konnten wir auch Gruppen von Affen in den Baumwipfeln beobachten.

Ebenso artenreich, bei uns aber weniger beliebt, ist die Welt der Insekten. Als Malariaüberträger fürchteten wir die Moskitos. Beim Waschen am Fluss konnten wir manchmal mit einem Handschlag vier saugende Quälgeister erlegen. Allgegenwärtig waren die Ameisen in allen Größen. Die großen gelben Ameisen waren regelrechte Kampfmaschinen. Sie bissen sofort zu, was schmerzhaft wie ein Schlangenbiss war. Die kleinsten konnte man nur als schwarze Pünktchen wahrnehmen. Diese Winzlinge wuselten durch unseren Zucker, wenn wir ihn nicht mehrfach in Plastiktüten eingepackt hatten. Wenig beliebt waren auch die großen Spinnen, wenn sie zu abendlicher Zeit in unsere offenen Hütten kamen. Besonders unangenehm waren die gut zwanzig Zentimeter langen, daumendicken Tausendfüßler, deren schnell verspritzte Absonderungen schmerzhafte Verätzungen der Haut hinterlassen.

Glühwürmchen waren die faszinierendsten Insekten. Allabendlich erfreuten sie uns mit ihrem hellen, regelmäßigen Blinken, manchmal direkt in unserer Hütte. Bei einem der Nachtmärsche kamen wir an einem etwa dreißig Meter hohen, einzeln stehenden Baum vorbei, in dem mindestens tausend Glühwürmchen versammelt waren. Trotz der Strapazen des Marsches machten wir uns auf dieses Naturschauspiel aufmerksam. Vor dem Hintergrund des tiefschwarzen Sternenhimmels wirkte die Silhouette des tausendfach blinkenden Baums wie aus einer Märchenwelt entlehnt.

Diese paradiesische Natur – so etwa muss der Garten Eden ausgesehen haben – steht in einem krassen Kontrast zu den brutalen gesellschaftlichen Verhältnissen auf der Insel, ein Kontrast, der an Schärfe nicht zu überbieten ist. Die ganze Insel starrt vor Waffen, die Menschen sind vernarrt in ihr Schießgerät. Das Tragen einer Waffe ist für Männer so normal wie das Tragen von Schuhen, es ist ein Teil des Mannseins. Mann geht eher barfuß als waffenlos.

Jeder irgendwie wichtige Mensch hält sich seine Privatarmee. Der Gouverneur hat seine Miliz, die Chefs der »municipalities« (Landkreise) gleichfalls. Die Clans, zahlungskräftige Familien, Geschäftsleute, sie alle scharen Bewaffnete um sich – natürlich nur zu ihrer Verteidigung. Das schafft Arbeitsplätze. Fighter sein ist *der* Job auf Jolo. Und bei den unausweichlichen Interessenkonflikten gibt es immer zu tun. Dann wird in Gefechten entschieden, wer Recht hat, nämlich der Stärkere. So sichern die »warlords« ihr Territorium, in dem sie ihre privaten Steuern erpressen können; so sichern Schmuggler ihre Einflusssphäre.

Waffen tragen ist so normal, dass ein Mann ohne Waffen auffällt. Das illustriert die folgende verbürgte Episode. Ende Juni wurde auf Jolo der Geburtstag des Propheten Mohammed ausgiebig gefeiert. Daran ließen die Entführer auch zwei ihrer malaysischen Geiseln teilhaben, die zu diesem Zeitpunkt nicht mehr im gleichen Camp waren wie die Europäer. Die Abu-Sayyaf-Kämpfer nahmen ihre beiden asiatischen Geiseln mit in die Inselhauptstadt Jolo. Sie sollten aber nicht als Geiseln erkannt werden. Wie konnte man sie tarnen? Man behängte sie mit Waffen und Patronengurten!

Täglich waren zahlreiche Schüsse zu hören: einzelne Schüsse, Feuerstöße aus automatischen Waffen, rhythmische Schussfolgen, Detonationen von Geschossen größeren Kalibers. Nur in wenigen Stunden des Tages schwiegen die Waffen.

Die Anlässe für das Schießen waren vielfältig. Morgens wurden die Waffen getestet, ob sie den Regen der Nacht schadlos überstanden haben. Zum Spaß wurden Kokosnüsse aus den Palmen oder Vögel aus den Bäumen heruntergeschossen. Auch der Geburtstag des Propheten Mohammed war ein freudiger Anlass für ausgiebige Ballerei, das aus anderen Teilen des Camps beantwortet wurde, begleitet vom lauten Juchzen der jugendlichen Kämpfer.

Dass wir uns oft erschraken, besonders meine Frau, konnten sie gar nicht nachvollziehen. »Don't you like firing?«, wurden wir mehrfach ungläubig gefragt. Es war ihnen völlig unverständlich, wie man an der für sie scheinbar schönsten Sache der Welt keinen Gefallen finden konnte.

Nachts hörten wir wiederholt stundenlange Gefechte, größeres Kaliber inklusive. Später konnten wir der Zeitung entnehmen, dass wieder einmal Familienclans ihre Streitigkeiten mit der Waffe ausgetragen hatten. Wie die Chefin des Provinzkrankenhauses in einem Zeitungsinterview sagte, stellt das Versorgen von Schussverletzungen den Schwerpunkt ihrer Arbeit dar. Bis zu vier Menschen täglich lassen ihre Verletzungen durch Kugeln oder Schrapnellsplitter behandeln. Waffen sind nicht nur zum Herumtragen da, sie sind nützliches Handwerkszeug in der Männerwelt Jolos.

Wir Europäer waren auch in dieser Hinsicht seltsame Exoten auf dieser Insel, Wesen aus einer fremden Welt, in der man an die Macht des Wortes glaubt, nicht an die der Waffen. In diesem Kulturkreis der Kämpfer hatten wir den Status von Aliens, extraterrestrische Wesen aus der EU gewissermaßen. Lediglich Marc genoss Respekt, wenn er seine beiden zwanzig Zentimeter langen Narben am rechten Arm, die von einem Unfall als Zweijähriger herrühren, scherzhaft als Folge von »fighting« erklärte. So konnte er sich scheinbar in die Reihe jener einreihen, die stolz ihr T-Shirt lifteten und ihre Narben herzeigten.

Wie erklärt sich die alltägliche Gewalt in dieser Horrorgesellschaft? Uns wurde der historische Hintergrund von Mitgliedern der Abu-Sayyaf-Gruppe im Wesentlichen so dargestellt, wie ich es später auch den Hintergrundartikeln der deutschen Presse entnehmen konnte.

Der bewaffnete Kampf gegen Feinde von außen hat für die Muslime der Südphilippinen eine jahrhundertelange Geschichte. Arabische Händler brachten ab dem 13. Jahrhundert den Islam nach Südostasien. Sie missionierten den Großteil der heutigen Philippinen. Im 15. Jahrhundert wurde im Süden das mächtige Sultanat Jolo gegründet. Ab Mitte des 16. Jahrhunderts eroberten die Spanier das Inselreich und christianisierten die Bevölkerung der nördlichen Inseln. Die muslimisch verbliebene Bevölkerung des Südens nannten sie »Moros«, die Mauren. Das geschah in Anlehnung an den muslimischen Einfluss im Süden der Iberischen Halbinsel, der noch heute den Süden Spaniens prägt. In weiten Teilen der Philippinen, benannt nach dem spanischen König Philipp II., wurden die Spuren des Islam getilgt. Die Philippinen wurden das einzige katholische Land der Region.

Die Moros auf Mindanao und auf den Inseln des Suluarchipels behaupteten sich gegen die spanische Kolonialherrschaft. Sechzehn Mal versuchten die Spanier vergebens, das Suluarchipel zu erobern. Das erfüllt die heutigen Moros noch immer mit Stolz. Auch in der Zeit der amerikanischen Herrschaft ab 1898 behaupteten sie ihre kulturelle Eigenständigkeit. Dabei halfen ihnen die engen Kontakte zu den muslimischen Nachbarn im Süden, in den heutigen Staaten Malaysia und Indonesien.

Erst 1946 wurden die vierhundert Inseln des Suluarchipels ein Teil des philippinischen Staates. Die Zentralregierung in Manila begann, die Insel Mindanao systematisch mit christlichen Staatsbürgern aufzusiedeln und machte so die Muslime zu einer Minderheit in ihrem Stammland. Nur ca. zwanzig Prozent der zwanzig Millionen Einwohner von Mindanao sind heute noch Muslime. Seit 1980 sollen zehn Millionen Christen eingewandert sein. Große Anteile des Grund und Bodens fielen an Großgrundbesitzer aus dem Norden oder an ausländische Konzerne. Die Südregion wurde zum ärmsten Landesteil der Philippinen. Die Moros fühlten sich durch die Zentralregierung in ihrem eigenen Land ausgebeutet, denn auch die Einnahmen aus den geförderten Bodenschätzen flossen nach Manila ab.

Drei Jahrzehnte nach der politischen Eingliederung begann der Unabhängigkeitskampf, in dem die philippinische Armee mit großer Härte zurückschlug. 1974 wurden sechzig Prozent der Provinzhauptstadt Jolo zerstört. Unter diesem extremen Druck von außen schlossen sich die Moros – den ursprünglich abwertend gemeinten Namen tragen sie heute mit Stolz – in der MNLF zusammen, obwohl sie traditionell in Stämme und Clans gegliedert sind, die sich auch gegenseitig bekämpfen.

Der vierundzwanzig Jahre während Bürgerkrieg, aus Morosicht ein Freiheitskampf gegen die Kolonialmacht in Manila, kostete hundertzwanzigtausend Menschen das Leben, ehe der MNLF-Führer Nur Misuari und der philippinische Präsident Ramos 1996 ein Abkommen schlossen, das den muslimischen Südprovinzen einen Autonomiestatus im philippinischen Staatsverband einräumte. Die Truppen der MNLF wurden in die Armee eingegliedert.

Diesem Friedensschluss zwischen der gemäßigten MNLF und der Zentralregierung schlossen sich die radikalen Kräfte des muslimischen Lagers nicht an. Es entstanden die MILF, die »Moro Islamic Liberation Front«, und die Gruppe Abu Sayyaf. Mit dem Argument, dass große Teile des Autonomieabkommens nicht umgesetzt worden seien, setzten diese beiden Gruppierungen den bewaffneten Kampf gegen die Zentralregierung umso entschlossener fort.

Wir befanden uns mittendrin. Mittendrin in einem religiös motivierten Unabhängigkeitskampf, der schon Jahrhunderte währt. Mittendrin in einem heißen Guerillakrieg ohne klare Fronten, mit mehreren kämpfenden Gruppen auf beiden Seiten. Mittendrin in einem politischen Machtkampf voller Intrigen auf allen Seiten. Mittendrin in einer völlig korrupten, waffenverliebten und gewalttätigen Gesellschaft.

Erschwerend für unsere Lage war, dass es keine klare Trennlinie zwischen den Bösen und den Guten gab. Selbstverständlich waren unsere Entführer die Bösen, aber bei den Angriffen schlüpften sie in die Rolle unserer Verteidiger, zeigten uns, wo wir Deckung suchen sollten. Die unmittelbare Gefahr für unser Leben ging in diesen Stunden von der philippinischen Armee aus.

Die Grenzen zwischen Gut und Böse sind auch sonst fließend. Verwandte, auch Brüder, kämpfen in der Armee und bei den Rebellen. Entsprechend freizügig ist der Informationsfluss. Die Rebellen zeigten sich stets gut informiert über das Vorgehen der Armee, sie hatten dort offensichtlich ihre Informanten. Doch nicht nur Informationen wechseln die Seite. Die Ausrüstung der Guerillakämpfer stammt überwiegend aus den Beständen der Armee und damit aus amerikanischer Produktion. Der Schriftzug »US Army« prangt auf allen Patronengurten, Uniformteile und ein Großteil der Waffen stammen aus der gleichen Quelle. Waffenschiebereien scheinen auf Seiten der Armee verbreitet zu sein, wenn man den Antworten unserer Entführer auf unsere Fragen über die Herkunft ihrer Waffen glauben will.

Auch das Personal wechselt teilweise die Seite, empfindet sich dabei nicht einmal als Überläufer. So wie es zwischen den verschiedenen Rebellenfraktionen, den ungebundenen Waffenträgern der »lost commands«, diversen Splittergruppen, Milizen und Banditenformationen viel Durchlässigkeit gibt, so gilt dies wohl auch gegenüber der Armee. Dass die früheren Rebellen der MNLF nun auf der Seite der Armee stehen, macht den Frontverlauf nicht klarer. Es gibt keine scharfe Trennlinie zwischen Schwarz und Weiß, nur eine breite Grauzone.

Selbst der gefürchtete Abu-Sayyaf-Führer Galib Andang, alias Commander Robot, hatte sich einmal bei der Polizei beworben. Er war, wie er mir erzählte, wegen seiner nicht ausreichenden Körpergröße abgelehnt worden. Vielleicht war es diese Schmach, die ihn zum ehrgeizigen, machtbesessenen und letztlich erfolgreichen Rebellen und Clanchef werden ließ.

Die Grenzen zwischen der staatlichen und der Rebellenseite sind nicht nur in militärischer und personeller Hinsicht fließend und vergleichsweise offen. Es halten sich hartnäckig Gerüchte, dass es auch bei finanziellen Transfers keine klare Trennlinie zwischen den Bösen und den Guten gibt. Auch Vertreter der staatlichen Seite hatten wohl an den Zuflüssen aus dem Ausland ihren Anteil. Es gibt in philippinischen Zeitungen sogar Andeutungen über Komplizenschaft und Kumpanei mit den Rebellen. Korruption ist auf diesem Archipel ein gesamtgesellschaftliches Phänomen.

Wie konnte man hier überleben? Unsere Strategie war von vornherein klar: keine Konfrontation, Risiken minimieren, Vertrauen aufbauen, Kooperation dort, wo dies auch in unserem Interesse war.

Wie sah das konkret aus? Wir traten jenen positiv gegenüber, die freundlichen Kontakt zu uns suchten. Wo dies sprachlich möglich war, unterhielten wir uns mit einigen über ihren familiären Hintergrund, über ihren Job als Kämpfer usw. Wir ließen uns über die Ziele ihres Kampfes und über den Stand der Verhandlungen informieren.

Wir erreichten praktische Erleichterungen unseres Gefangenenalltags, vom (theoretischen) Verbot des Schießens in unserer unmittelbaren Umgebung, über Hilfe beim Feuerholz suchen und Essen kochen und die Versorgung mit Nahrungsmitteln von außen bis zur Fotografiererlaubnis. Eine von Uli Rauß eingerichtete Kommunikationsschiene per Tonkassette für das vorhandene Diktiergerät bedurfte ebenfalls der Zustimmung durch die Abu-Sayyaf-Führer und funktionierte selbst in den Monaten der Abgeschiedenheit im »Mid Jungle Camp«.

Von Anfang an verzichteten wir auf ohnehin chancenlose Ausbruchs- oder Fluchtversuche. Wir ignorierten die häufig unbeaufsichtigt herumliegenden Waffen. Auch das war eine vertrauensbildende Maßnahme. Wir galten zu Recht als harmlos und unkriegerisch. Dafür wurde uns eine beschränkte Bewegungsfreiheit zugestanden. Wir hörten von anderen Verbänden der Abu Sayyaf, dass dort Gefangene gefesselt werden. Das war bei uns nie der Fall.

Bei längeren Wegen wurden wir stets von Bewaffneten begleitet, sie waren unsere »security«. Dabei ging es wohl weniger darum, Fluchtversuchen vorzubeugen, als vielmehr um das Verhindern von Übergriffen durch andere Abu-Sayyaf-Gruppen oder »lost commands«, bewaffnete Banditen ohne eine konkrete Zugehörigkeit zu einer der Kämpfergruppen. Auch wenn unsere Bewacher Wasser holen gingen, trugen sie immer ihre Waffen. Nach dem Grund dafür befragt, gab mir einer der Rebellen einmal die Antwort: »No human rights on this island.« Das war in der Tat eine zutreffende Charakterisierung der Insel Jolo.

In vielen Fernsehstatements kamen wir dem Wunsch unserer Entführer nach und appellierten an die UN, die EU und unsere Regierungen, politischen Druck auf die Regierung in Manila zu machen, damit diese von militärischen »Lösungen« der

Geiselkrise Abstand nahm und sich an den Verhandlungstisch begab. Hier gab es zwischen der Geiselgruppe und den Entführern eine Interessenidentität. Nach unserer einmütigen Einschätzung der Lage vor Ort konnte eine überraschende Befreiung der Geiseln durch ein Kommandounternehmen nicht erfolgreich sein. Es hätte viele Menschenleben gekostet, darunter auch unseres.

Ein positives Ergebnis unserer Konfliktminimierungsstrategie gegenüber unseren Entführern war, dass unsere Behandlung im Prinzip korrekt war. Nur einmal wurden wir durch häufiges Schießen in die Luft vorsätzlich eingeschüchtert, ansonsten aber nicht schikaniert, drangsaliert oder terrorisiert, es gab keine Androhung von Gewalt uns gegenüber. Nach außen wurden, wie wir im Nachhinein erfuhren, teilweise anders lautende Gerüchte ausgestreut.

Hilfslieferungen an unsere Adresse kamen zum allergrößten Teil nicht an. Wir haben schätzungsweise nur zwischen zehn und fünfzehn Prozent der gelieferten Hilfsgüter wie Armeeverpflegung, Decken, Luftmatratzen wirklich erhalten. Während der Geiselnahme auf Sipadan wurden wir auf der Stelle ausgeraubt, auch an Bord des Bootes fragte Robot immer noch nach Brieftaschen. Die aber lagen im nicht geknackten Hotelsafe. Teilweise wurden auch Pakete um Teile ihres Inhalts erleichtert. Schweizer Offiziersmesser zum Beispiel kamen nie an. Später aber wurden wir in den verschiedenen Lagern nicht mehr bestohlen.

Durch die allgegenwärtige Anwesenheit der vielen Waffen und die völlig unberechenbare politisch-militärische Gesamtsituation gab es eine ständige Bedrohung unseres Lebens, desgleichen durch Konflikte zwischen verschiedenen Gruppierungen der Abu Sayyaf und durch persönlichen Zwist zwischen unseren Bewachern. Wir versuchten, dies so weit wie möglich zu verdrängen. Wenn dies dem Einzelnen gelang, ließ sich die Gesamtlage eher ertragen.

Nicht so für Renate. Sie litt sehr unter den täglichen Schüssen. Die psychische Traumatisierung durch die Angriffe und die sonstigen Strapazen ließen sie für mehr als sechs Wochen auch körperlich zusammenbrechen, so dass sie praktisch ein Pflegefall war. Während der vergleichsweise ruhigen Wochen im »Mid Jungle Camp«, nachdem die Zeit des ständigen Weiterziehens vorbei war, besserte sich ihr Gesundheitszustand sichtlich.

Generell war das Gesundheitsrisiko sehr hoch. Malaria und Denguefieber sind auf Jolo verbreitet. Wir hatten keine Moskitonetze, wochenlang kein Moskitomittel zum Einreiben und keine Malariaprophylaxe. Erst relativ spät erreichten uns entsprechende Lieferungen, auch deshalb, weil wir ja in den ersten sechs Wochen ständig den Standort wechselten. Keiner aus der Geiselgruppe hatte vor Antritt der Reise Malariamittel genommen, denn unser Reiseziel war nicht Jolo, sondern die malaysische Taucherinsel Sipadan, die malariafrei ist.

Bei den oft nächtlichen Märschen, die wir mit offenen Sandalen oder teilweise auch barfuß absolvieren mussten, holten wir uns kleinere Schnittverletzungen, die sich auch schlimm hätten entwickeln können. Mit einem nach einigen Wochen verfügbaren Desinfektionsmittel brachten wir kleine eiternde Wunden erfolgreich unter Kontrolle. Wenn man sich im Nachhinein vergegenwärtigt, was alles an gesundheitlichen Problemen hätte auftreten können, von Zahnproblemen über Blutvergiftung, Skorpion- oder Schlangenbisse bis zu organischen Schäden, so grenzt es schon an ein Wunder, dass wir halbwegs heil aus der mehrmonatigen Gefangenschaft herausgekommen sind.

Nach zwei Monaten hatten wir knapp zwanzig Prozent unseres Gewichts verloren und damit sicher auch einiges an Widerstandskraft eingebüßt. Es mussten dann zwar keine Märsche mehr bewältigt werden, aber auch die nervlichen Belastungen lassen sich in diesem geschwächten Zustand schlechter wegstecken. Wir merkten alle, wie unsere Leidensfähigkeit und psychische Belastbarkeit mit zunehmender Dauer der Gefangenschaft abnahm. »Die Batterien sind einfach alle«, pflegte Marc das zu formulieren.

Für unsere Familie war besonders schlimm, dass wir so hilflos waren und Renate bei ihren täglichen Panikattacken nicht helfen konnten. Daneben ging – und das galt für alle – von dem Bewusstsein, ohne eine kalkulierbare Perspektive zu sein und in völliger Ungewissheit und Abhängigkeit einfach immer weiter durchhalten zu müssen, der größte psychische Druck aus.

Von der Zusammensetzung der Geiselgruppe und ihren inneren Beziehungen hätte eine sehr viel größere psychische Belastung ausgehen können, als es real der Fall war. Natürlich gab es kleinere Konflikte, an denen quasi alle beteiligt waren. Angesichts der extremen äußeren Bedingungen und der Dauer der Geiselhaft ist es ausgesprochen gut gelaufen. Hautnah – im wörtlichen Sinne – hockte hier eine bunt zusammengewürfelte Schar über Monate beieinander, ohne jegliche Rückzugsmöglichkeiten, ohne eine Privat- oder Intimsphäre, dazu ständig bedroht und in Lebensgefahr.

Wenn erforderlich, wurden in Gruppengesprächen Konflikte aufgearbeitet, Missverständnisse und Missstimmungen bereinigt. Hier tat sich besonders Risto hervor, der durch überdurchschnittlichen Arbeitseinsatz, Organisationstalent, strategisches Denken und durch sein ausgleichendes Wesen unverzichtbar für die Gruppe wurde. Es war auch allen klar, dass wir durch gruppeninterne Konflikte unsere Gesamtlage nur zusätzlich verschlechtern würden.

Für die Moral waren die Kontakte nach außen von größter Bedeutung. Unter diesem Aspekt waren auch die häufigen Besuche von Medienvertretern, besonders von solchen aus den Heimatländern, ein unbestritten positiver Faktor. Sie ermöglichten uns, nach Haus zu telefonieren, bauten Versorgungs- und Kommunikationsschienen für uns auf, versorgten uns mit Bargeld. Als sie in den letzten Monaten in das »Mid Jungle Camp« nicht mehr hineingelassen wurden, traten indirekte Kontakte mit der Außenwelt an ihre Stelle: Briefe und E-Mail-Ausdrucke, Pakete von Familienangehörigen und – in unserem Fall – auch von einer unglaublich engagierten Privatperson. Kommunikationsmöglichkeiten durch Tonkassetten waren für das Bewahren eines Mindestmaßes an psychischer Moral von allergrößtem Wert.

Das Verdrängen des Gefahrenpotenzials hatte eine zentrale Bedeutung. Dazu zählten alle möglichen Ablenkungen wie Lesen, Kartenspiele, kleine Fitnessprogramme und sonstige bescheidene Aktivitäten, letztlich auch die Erledigung der Haushaltspflichten. Zum Verdrängen gehörte auch, dass man sich ein Mindestmaß an (Galgen-?)Humor und Fröhlichkeit bewahrte, trotz – oder besser noch wegen – der Gesamtsituation.

Für mich selbst waren das Schreiben eines Tagebuchs und das Umarbeiten in diesen Text wesentliche Bestandteile der persönlichen Problembewältigung. Die Erlebnisse wurden dadurch aufgearbeitet. Ich war, obwohl es inhaltlich um die Geiselhaft ging, vorübergehend der unmittelbaren Gegenwart irgendwie entrückt. Vor allem hatte ich das Gefühl, etwas Sinnvolles zu tun. Das war erfüllender als nur Ablenkung, Zeit-Totschlagen, Warten.

Vor allem aber hat mir der Glaube geholfen, die schlimmen Monate durchzustehen. Gottvertrauen und die daraus erwachsende Zuversicht auf ein gutes Ende waren letztlich stärker als die quälende Ungewissheit. Dass dieses Geiseldrama für uns einen guten Ausgang gehabt hat, erfüllt mich mit großer Dankbarkeit.

GOLDMANN

Grenzerfahrungen

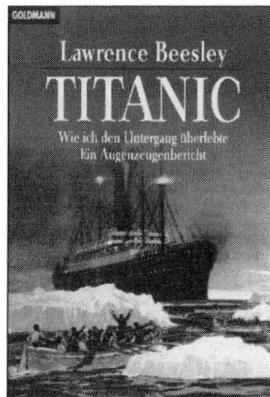

GOLDMANN

Tödliche Bedrohung

Goldmann • Der Taschenbuch-Verlag

GOLDMANN

SPIEGEL-Bücher

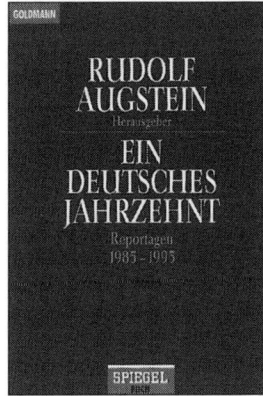

Goldmann • Der Taschenbuch-Verlag

GOLDMANN

Krisenherd Naher Osten

Ralph Giordano,
Israel, um Himmels willen, Israel 12474

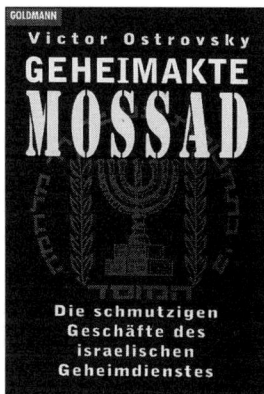

Victor Ostrovsky,
Geheimakte Mossad   12658

Suha Arafat/Gerard Sebag,
Ich bin eine Tochter Palästinas 12703

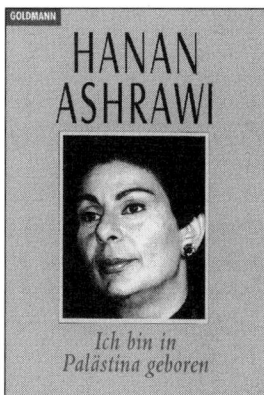

Hanan Ashrawi,
Ich bin in Palästina geboren   12722

Goldmann • Der Taschenbuch-Verlag